KAISER FRANZ JOSEPH

Katrin Unterreiner

KAISER FRANZ JOSEPH

Brandstätter

MYTHOS UND WAHRHEIT

Die Autorin

Katrin Unterreiner,

Studium der Kunstgeschichte sowie Geschichte an der Universität Wien, langjährige wissenschaftliche Leiterin der Schloss Schönbrunn Kultur- und Betriebsges.m.b.H. und Kuratorin des Sisi Museums in der Wiener Hofburg, seit 2013 Kuratorin der Kaiserhaussammlung Plachutta. Autorin zahlreicher Publikationen über die Habsburger, zur Wiener Hofburg und Alltags- und Kulturgeschichte der k.u.k. Monarchie.

Inhalt

Vorwort

Kaiser Franz Joseph regierte die österreichische Monarchie 68 Jahre lang und prägte die Geschichte Europas dieser Epoche. Dennoch profilierte er sich nicht als einer der politisch bedeutendsten Monarchen – im Gegenteil: Seine Regierungszeit war durch Festhalten an Althergebrachtem, Bewahren und bürokratische Pflichterfüllung gekennzeichnet. Dieses Buch will jedoch nicht den Kaiser und seine geschichtliche Bedeutung beleuchten, sondern vielmehr den Privatmenschen Franz Joseph vorstellen. Interessant ist dabei vor allem seine Kindheit – wie wuchs der kleine »Franzi« am Wiener Hof auf, und welchen Einfluss hatte seine ehrgeizige Mutter Erzherzogin Sophie auf seine Entwicklung? Es stellt sich heraus, dass der kleine Franz ein überraschend humor- und phantasievolles Kind war, das jedoch zum pflichtbewussten Kaiser gedrillt wurde. Staatsgeschäfte standen immer an erster Stelle, ihnen ordnete er sein Privatleben unter. Darunter litt nicht nur seine Frau, Kaiserin Elisabeth, die er sein Leben lang bedingungslos liebte und mit der er eine weit harmonischere Ehe führte als oft dargestellt, nachdem er Elisabeth ermöglicht hatte, ein Privatleben abseits des Wiener Hofes zu führen. Distanziert war die Beziehung zu seinen Kindern, vor allem zu seinem einzigen Sohn, Kronprinz Rudolf, hatte er ein besonders belastetes Verhältnis. Doch so entfremdet Franz Joseph seinen Kindern war, so rührend war er als Großvater. Seine Enkel hatten keine Scheu vor ihm – er hielt sie nicht auf Distanz und erlebte in seinen letzten Jahren erstmals eine Art Familienleben. Im Vordergrund des Buches steht aber der Alltag des Kaisers. Vor allem sein Kammerdiener Eugen Ketterl erlaubt uns, den alten Kaiser ganz aus der Nähe kennen zu lernen – und seinen Humor zu entdecken.

V. Kretschmer

Kaiserliche Kindheit

1

Der Vater

Erzherzog Franz Karl war der zweite Sohn Kaiser Franz II./I. und hatte weder die geistigen Voraussetzungen noch die Ambition eine gestaltende Rolle in der österreichischen Politik zu übernehmen. Im Schatten seiner selbstbewussten Frau führte er ein stilles Leben abseits der Öffentlichkeit, hatte außer der Jagd und Theaterbesuchen keinerlei Interessen und trat nur ab und zu als Schirmherr für kulturelle Institutionen in Erscheinung. Franz Karl überlebte seine Frau um sechs Jahre und verstarb 1876 im Alter von 76 Jahren.

»Tu felix Austria nube«

Wie alle Ehen in dieser Zeit war auch jene der Eltern des Kaisers eine arrangierte. Hochzeiten waren politische Geschäfte, man vergesse nicht den berühmten Ausspruch über die Habsburgische Heiratspolitik »Bella gerant alii – tu felix Austria nube« – »Andere mögen Kriege führen – du, glückliches Österreich, heirate!« Diese Devise galt für alle Dynastien. Töchter waren Spielbälle der Politik, wurden dementsprechend erzogen und fügten sich meist widerspruchslos den Entscheidungen der Eltern. Die Erhaltung der Dynastie war oberstes Prinzip, oder wie es Staatskanzler Metternich formulierte: »Wir heiraten um Kinder zu haben, und nicht, um die Sehnsüchte unserer Herzen zu stillen.«

Franz Josephs Vater (i) Erzherzog Franz Karl war zwar nicht wie sein älterer Bruder, Kronprinz Ferdinand, schwer krank, aber dennoch geistig minder begabt, unattraktiv und definitiv kein gleichwertiger Partner für die hübsche und gebildete Sophie von Bayern (i). Das erste Zusammentreffen war ein Schock für die Prinzessin und sie schrieb an ihre Mutter: »Er ist ein bon garcon, er fragt jedermann um Rath, mais il est terrible … Mich würde er zu Tode langweilen!« Dennoch – der Thronfolger war krank, man sagte ihm ein kurzes Leben voraus und somit gab es für Sophie eine realistische Chance,

»Andere mögen Kriege führen – du, glückliches Österreich, heirate!«

Die Mutter

Franz Josephs Mutter Erzherzogin Sophie war eine außergewöhnliche Frau. Die Tochter des bayerischen Königs Maximilian Joseph I. war selbstbewusst, willensstark, hatte einen scharfen Verstand, war gebildet – und vor allem ehrgeizig. Ihre Schwestern hatten alle glänzende Partien gemacht und waren Königinnen von Sachsen und Preußen geworden, ihre Stiefschwester Karolina Augusta war als vierte Gemahlin Kaiser Franz' I. sogar österreichische Kaiserin geworden. Sie war es auch, die sofort an ihre jüngere Stiefschwester dachte, als es galt, den zweiten Sohn des österreichischen Kaisers, Erzherzog Franz Karl, zu verheiraten. Sophie erkannte ihre Chance mit dieser Heirat zwar keine erfüllte Ehe, aber ein erfülltes Leben zu führen. An der Seite ihres ambitionslosen Mannes konnte sie ihr politisches Talent unter Beweis stellen und sollte eine der mächtigsten Frauen in der Geschichte der Habsburgermonarchie werden und bis zu ihrem Tod 1872 bleiben.

»... das Kind von dem ärgsten Taglöhner wird nicht so gequält wie diese kleine unglückliche Hoheit«

Baronin Sturmfeder, Kinderfrau Franz Josephs, in einem Brief

Erzherzog Franz als Kleinkind, Lithographie von Dauthage, um 1831.

durch diese Heirat selbst einmal Kaiserin zu werden. Im Jahr 1824 fand die Hochzeit des ungleichen Paares statt, und als Sophie nach sechs Jahren endlich ihre Pflicht erfüllt und einen Sohn geboren hatte, konnte sie daran gehen, ihre Stellung bei Hof nicht nur zu festigen, sondern geschickt für ihre Interessen zu nützen. Ganz im Gegensatz zu ihrem Gemahl war die Erzherzogin politisch interessiert und verstand es, in kurzer Zeit wichtige Verbündete und Vertraute zu finden. Da sich zeigte, dass der Hof, und allen voran Kaiser Franz in den kleinen Franzi ganz vernarrt war, verfolgte sie nun konsequent ein Ziel: Ihr Sohn sollte einmal Kaiser werden.

Die Kaiserliche Kindskammer

Zur »Aja«, der Erzieherin des kleinen Franzi, wie man ihn in der Familie liebevoll nannte, wurde Luise Baronin von Sturmfeder bestellt. Schon bei ihrem Dienstantritt war sie entsetzt über den Umgang mit dem Säugling. Franz Joseph war eine Zangengeburt gewesen und hatte eine Kopfwunde, die durch übervorsichtige Ärzte alle paar Stunden gesäubert wurde und daher nicht verheilte. Mutig trat sie dagegen auf und erreichte, dass das Kind mehr Ruhe bekam – und die Wunde heilen konnte. Luise Sturmfeder liebte den Kleinen wie ihr eigenes Kind und ihre herzliche, aber strenge Erziehung prägte ihn für sein späteres Leben. Die Baronin war ordnungsliebend, religiös und der festen Überzeugung, dass verwöhnte und verhätschelte Kinder verweichlichte und schwache Erwachsene werden. Dies betraf auch körperliche Abhärtung – Baronin Sturmfeder war eine selbstbewusste Frau und wagte es sogar, gegen die Empfehlungen, ja sogar Anweisungen, des Hofarztes Dr. Malfatti zu handeln. Franzi sollte ihrer Meinung nach nicht wie üblich den ganzen Winter in seinem Zimmer verbringen – selbst das Lüften war generell verpönt, da frische Luft giftige »Miasmen« enthalte. Der ganze Hof war in heller Aufregung, als bekannt wurde, dass sie mit dem kleinen Erzherzog bei schlechtem Wetter spazieren gegangen war. Zur allgemei-

Wiener Hofburg

Erzherzog Franz verbrachte seine Kindheit in der Wiener Hofburg, in Schönbrunn sowie zeitweise in Ischl. Vor allem die Hofburg präsentierte sich allerdings nicht als prunkvolle luxuriöse Residenz, im Gegenteil. Die riesigen Zimmer wurden nicht selten notdürftig durch Glaswände abgetrennt, um Platz zu schaffen und um sie besser heizen zu können. Doch nicht nur das – die Fenster des Appartements im Schweizertrakt, das Franz Joseph bewohnte, befanden sich direkt über den Toiletten der unmittelbar darunter postierten Wache, sodass die Geruchbelästigung vor allem im Sommer kaum erträglich war.

Schweizertrakt der Wiener Hofburg: Schweizertor (1552), Renaissance-Prunktor im ältesten Teil der Burg. Photographie von Wilfried Vas.

»Er ist zum Fressen mit seinem kleinen Gewehr, seiner Grenadiermütze auf dem Kopf, seinem Säbel an der Seite und dem kleinen Tornister auf dem Rücken.«

Erzherzogin Sophie in einem Brief an ihre Schwester

nen Überraschung war der Kleine aber nicht ständig krank, sondern entwickelte sich zu einem robusten Kind. Zum Eklat zwischen Sturmfeder und Malfatti kam es einmal kurz nach Weihnachten, als Franzi unter anderem ein Tamburin geschenkt bekommen hatte. Malfatti wollte dem Kleinen das Spielzeug wegnehmen, da es nicht gepolstert sei und er sich verletzen könnte. Baronin Sturmfeder, der es ein Anliegen war, die kaiserlichen Kinder zumindest in den ersten Jahren so normal wie möglich aufwachsen zu lassen, protestierte aufs Entschiedendste, informierte Erzherzogin Sophie und meinte, dass Malfatti zu weit ginge, da man ja sonst das Kind in einem gepolstertem Kasten aufziehen müsse. Sophie gab ihr Recht.

Zauber der Montur

Bereits im Alter von zehn Monaten zeigte sich der kleine Franzi vom Militär fasziniert. Man ließ ihn kaum jemals das Schauspiel der Wachablöse im Inneren Burghof versäumen, wenn die neue Wache mit Pauken und Trompeten in den Burghof einmarschierte. Sophie ließ ihm eine kleine Uniform schneidern und schenkte ihm ein kleines Holzgewehr, mit dem er ständig präsentierte. Entzückt schrieb sie in einem Brief an ihre Mutter: »Du würdest nicht glauben wie hübsch er das zu machen versteht. Er ist zum Fressen mit seinem kleinen Gewehr, seiner Grenadiermütze auf dem Kopf, seinem Säbel an der Seite und dem kleinen Tornister auf dem Rücken. Als ich letzthin nach Hause kam, stand er vor meiner Türe,

Franz als Dreijähriger. Lichtdruck nach einem Gemälde von Ferdinand Georg Waldmüller, um 1833.

»Geh hin Franzi und Steck ihm das Geld in die Patronentasch'n, des ist nit gegen den Befehl. In die Hand derf er's nit nehmen.«

Kaiser Franz II./I.

Franzi durfte regelmäßig mit seinem kaiserlichen Großvater spazieren gehen – eine Begebenheit aus dem Jahr 1833 hielt Peter Fendi in diesem Bild fest: Als der Kaiser mit seiner Gemahlin und dem kleinen Franzi eines Tages im Laxenburger Schlosspark spazieren ging, kamen sie bei einer Schildwache vorbei und der kleine Erzherzog wollte dem Soldaten eine Banknote zustecken. Der aber präsentierte das Gewehr, und durfte sich nicht bewegen. Da sagte der Kaiser zu seinem Enkel: »Geh hin Franzi und Steck ihm das Geld in die Patronentasch'n, des ist nit gegen den Befehl. In die Hand derf er's nit nehmen.«

um mir beim Eintreten das Gewehr zu präsentieren ...« Im Alter von nur 18 Monaten unterschied er schon zwischen den »Azizis« (Offiziere) und den »Dada« (Soldaten), seine größte Freude war es, den Soldaten beim Exerzieren zuzusehen und mit 20 Monaten übte er mit Vater und Großvater den Gleichschritt, wobei er mit »Halt« und »Mars(ch)« Befehle erteilte. Mit drei Jahren beherrschte er alle Distinktionen der Armee und die Farben der einzelnen Regimenter.

Der kleine Franzi

Als Kronprinz Ferdinand kurz nach der Geburt seines Neffen Franz Joseph Maria Anna von Savoyen heiratete, schwächte das Sophies Stellung bei Hof und sie begann nun ihr großes Plus – ihren entzückenden kleinen Sohn – geschickt einzusetzen. Es entstanden zahlreiche Porträts des süßen kleinen Erzherzogs, und Sophie war darauf bedacht, ihn nicht nur bei Hof, sondern vor allem auch bei der Bevölkerung beliebt zu machen. Oft ging sie mit ihm im Schönbrunner Park spazieren, um den begeisterten Wienern ihren Sohn zu zeigen, und gab Audienzen mit ihrem Kind am Arm. Täglich nach dem Diner brachte Sophie ihren kleinen Franzi zum Kaiser in dessen Arbeitszimmer, wo die beiden eine Stunde lang miteinander spielten – und der Kaiser wurde das vergötterte

Erzherzogin Sophie mit dem kleinen Erzherzog Franz. Gemälde von Josef Stieler, 1832.

Kaiser Ferdinand I., Gemälde von Leopold Kupelwieser, 1847.

Kaiser Franz mit seinen Enkelkindern im Arbeitszimmer. Aquarell von Peter Fendi, 1834.

Vorbild des Kleinen. Die Zuneigung war gegenseitig: Auch Franzi, dieses hübsche und gut gelaunte Kind, wurde nach und nach zum Lieblingsenkel des Kaisers. Im Jahr 1835, Franzi war gerade fünf Jahre alt, starb Kaiser Franz I. und sein Sohn Ferdinand wurde Kaiser.

»Das Gottheiterl«

Als nach einiger Zeit klar war, dass vom kranken und zeugungsunfähigen Kaiser Ferdinand keine Nachkommen zu erwarten waren, ging Erzherzogin Sophie konsequent daran, ihren Franzi zu einem zukünftigen Kaiser von Österreich zu erziehen. Man begann ihn zu formen und machte nach und nach aus dem fröhlichen kleinen Buben einen perfekten Thronanwärter. So »genoss« der Erzherzog von frühester Kindheit an eine äußerst strenge Erziehung, die sein späteres Leben prägen sollte. Sophie gab ihm dabei nicht nur das unerschütterliche Gefühl, etwas Besonderes zu sein, sondern erzog ihn im Sinne ihrer absoluten Überzeugung des Herrschertums von Gottes Gnaden. Sie begann ihren Sohn bewusst zu isolieren, um seine besondere Stellung bei Hof hervorzuheben. Sophie überwachte auch genauestens seine Umgebung und mit wem ihr Sohn zusammen war. So erfüllten auch nur wenige Kinder alle Anforderungen, um mit einem künftigen Kaiser spielen zu dürfen. Sophie war zwar eine ehrgeizige Mutter, die ihr Ziel, ihren Sohn zum Kaiser zu machen, konsequent verfolgte, dennoch war sie auch eine fürsorgliche und stolze Mutter. Ihr *Le petit chou*, wie sie ihren Sohn nannte, war ihr Ein und Alles, und im Mai 1831 schrieb sie an ihre Mutter: »Du hast keine Idee, wie ausgezeichnet sich dieser liebe Kleine entwickelt, wie hübsch, lebhaft, intelligent, gut und zärtlich er ist ...« Wenn er krank wurde, pflegte sie ihn aufopfernd und wich keine Sekunde von ihm. Dies ging soweit, dass er bei Hof schließlich sogar »das Gottheiterl« genannt wurde. Sophie hatte den großen Vorteil, dass sie nicht Kaiserin war und sich als Erzherzogin auf ihre Mutterrolle konzentrieren konnte – von ihrer Schwiegertochter Kaiserin Elisabeth sollte sie später ganz andere Prioritäten, nämlich die Erfüllung ihrer Verpflichtungen als Kaiserin an der Seite Franz Josephs, erwarten.

Im Alter von zwei Jahren absolvierte Franzi zum größten Stolz seiner Mutter mit Bravour seinen ersten repräsentativen Auftritt – die Fronleichnamsprozession, ein zentrales Ereignis in der streng katholischen Habsburgermonarchie. Mit vier Jahren nahm er erstmals an der Hoftafel teil, und nach dem Weihnachtsfest 1834 begann seine militärische Erziehung. Franzis Tagesablauf war nun minutiös eingeteilt: Er stand um sieben Uhr früh auf, eine halbe Stunde später begann der Unterricht, der mit einigen kurzen Pausen bis sieben Uhr abends dauerte, danach fand das Abendessen statt und um acht Uhr abends ging er zu Bett.

»Zu den Männern«

Mit dem vollendeten sechsten Lebensjahr folgte die nächste Zäsur – Franz, der bis dahin mit seinen Brüdern, dem 1832 geborenen Ferdinand Max und dem 1833 geborenen Carl Ludwig, zusammen in der so genannten Kindskammer aufgewachsen und von seiner Amie, wie er Baronin Sturmfeder zärtlich nannte, betreut und erzogen worden war, bezog nun ein eigenes Appartement und kam der Tradition entsprechend »zu den Männern«. Baronin Sturmfeder brach das Herz, ihren Franzi hergeben zu müssen und von nun an auch keinen Kontakt mehr zu ihm haben zu dürfen. Sie blieb zwar zunächst noch Aja seiner jüngeren Brüder, aber als auch diese schließlich der Kindskammer entwachsen waren, erhielt sie eine kleine Wohnung in der Hofburg und sah »ihre Kinder« meist nur noch von weitem. Der Überlieferung nach bestand ihr einziger Kontakt zu den Buben, die sie auch ihrerseits in ihrem neuen »Männerhaushalt« schmerzlich vermissten, darin, dass ihr die Kinder, die direkt über ihr wohnten, geheime Botschaften und Geschenke, die sie an einem Bindfaden herabließen, schickten, und sie auf demselben Wege mit kleinen Bildern und Briefen antwortete.

Bei der Wahl der neuen Erzieher für den Erzherzog, der eine verantwortungsvolle Aufgabe zu erfüllen und demnach auch eine wichtige Stellung bei Hof hatte, waren politische Gründe ausschlaggebend und nicht etwa pädagogische.

Die Wahl des „Primo Ajo“ wurde von Staatskanzler Metternich getroffen, und er entschied sich mit folgender simpler Begründung für Heinrich Graf Bombelles: »Ich reihe Bombelles unter die geringe Zahl von Menschen ein, die infolge einer angeborenen Neigung das dachten, was ich dachte, das sahen, was ich sah, und das wollten, was ich wollte.« Sophie war zwar wenig begeistert: Bombelles war Sohn eines französischen, fast mittellosen Diplomaten, aber tief gläubiger Katholik. Daher stimmte sie schließlich doch zu. Sophie wusste, dass der »Primo Ajo« eher die oberste Aufsichtsperson und der Haushofmeister der eigentliche Erzieher war, der meist wesentlich mehr Einfluss hatte. Diese Position wurde von ihr besetzt und sie bestellte Oberst Johann Alexander Graf Coronini-Cronberg – einen Soldaten der alten Schule, streng, steif, pedantisch, der seinen Mangel an Phanta-

Kaiser Franz I. im Ornat des Ordens vom Goldenen Vlies. Gemälde von Friedrich Amerling, 1832.

sie durch strenge soldatisch Zucht ausglich. Er übernahm es nun, aus dem fröhlichen kleinen Franzi einen Soldaten zu machen.

Auch Erzherzogin Sophie nahm ihre Aufgabe als Mutter eines künftigen Kaisers weiterhin sehr ernst. Sie überprüfte nicht nur persönlich das Personal sowie deren Haushaltsführung im Appartement ihres Sohnes, sondern nahm auch an den Unterrichtsstunden teil und kontrollierte die Lehrer. Sie führte den Erzherzog zu offiziellen Veranstaltungen, vor allem Truppenparaden, und berichtete stolz, wie begeistert ihr Franzi anlässlich eines Staatsbesuches von den Kanonenschüssen, die ganz in seiner Nähe abgefeuert wurden, sowie dem Gewehrfeuer gewesen sei. Franz war tatsächlich begeistert: Seine Vorliebe fürs Militär hatte sich aus seinen Kleinkindtagen nicht nur gehalten, sondern verstärkt. Er liebte Truppenparaden und meinte nachher, er habe in seinem ganzen Leben nichts Schöneres gesehen.

Ab dem neunten Lebensjahr erhöhte sich Franz' Unterrichtszeit auf 37 Stunden pro Woche, und er erwies sich von Beginn an als pflichtbewusster, gehorsamer, gewissenhafter Schüler. Durch Coroninis strenge Erziehung entwickelte er einen ausgeprägten Hang zu geregelter Arbeit und bürokratischer Leistung, die Graf Colloredo, einst Erzieher Kaiser Franz' I., allerdings »eine Vorliebe für Nichtigkeiten« genannt hatte. Franzi, der seit seinem sechsten Lebensjahr beinahe den ganzen Tag am Schreibtisch verbrachte, lernte vor allem, dass es mehr um pünktliche Pflichterfüllung als um Inhalte gehe, eigene Gedanken und Ansichten wurden ihm bald ausgetrieben.

Franz Joseph, Ferdinand Max und Carl Ludwig im Boulengreen im Schönbrunner Park. Aquarell von Franz Barbarini, um 1839/40.

Freizeit

Seine spärliche Freizeit verbrachte Franzi mit Spaziergängen im Prater, mit Familienbesuchen, und manchmal durfte er auch Spielkameraden einladen. Diese wurden natürlich von seiner Mutter ausgewählt. Es handelte sich dabei meist um die beiden Söhne seines Erziehers Marko (Markus) und Charli (Carl) Bombelles, den späteren Ministerpräsidenten Edi (Eduard) Taaffe, Sohn des Hofjuristen und Präsidenten der obersten Justizstelle, sowie Heinrich Salis, den Sohn des Obersthofmeisters Erzherzog Franz Karls. Die meiste Zeit verbrachte er allerdings mit seinen Brüdern, im Sommer vor allem im Schönbrunner Schlosspark, der den Erzherzogen genügend Platz und Gelegenheit zum Spielen bot. Besonders gerne spielten die Buben in einem extra angelegten Garten in der Meidlinger Vertiefung, dem so genannten Boulengreen, wo man für sie einen Spiel-, Turn- und Exerzierplatz angelegt hatte. Hier gab es neben der Indianerhütte für Max, der schon als Kind für fremde Länder schwärmte, verschiedene Turngeräte, eine Schaukel sowie einen Kaninchenstall. Aber auch andere Tiere – Schafe und Ziegen –, die die

Kinder geschenkt bekamen, wurden hier gehalten. So hatte Max, der Tiere über alles liebte, 1839 zu seinem siebenten Geburtstag ein besonders Geschenk bekommen: »eine Volière mit 24 Vögeln, einen Papagei, ein kleines Reh, ein Meerschwein, zwei Eichhörnchen, kurz eine ganze Menagerie und hatte dies alles gewünscht. Dann hatte man ihm einen kleinen Garten mit einer ganz deliziösen indischen Hütte und lauter Indianergerätschaften eingerichtet, eine Hängematte an zwei Bäumen angebracht, die schönsten Blumen und Gewächse waren ringsum gestellt und Ananas in den Boden eingesetzt.« Weniger begeistert waren die Kinder vom Schwimmunterricht, der im Teich hinter dem Obeliskenbrunnen stattfand. Das Wasser war eiskalt, doch während Max und Carl Ludwig jedes Mal protestierten, wenn sie ins Wasser mussten, beherrschte sich Franzi und machte brav und widerstandslos auf Kommando seine Tempi.

Sophie war begeistert und froh, dass ihr Franzi – anders als seine Brüder – keine Probleme machte. Im Vergleich zu seinem älteren Bruder war Max unkonzentrierter, überschwänglicher und ausgelassener. Sophie behagte das kindliche Naturell ihres zweiten Sohnes wenig und sie schrieb an ihre Mutter: »Maxi ist sehr faul und schwätzt zu viel, weil seine lebhafte Phantasie ihn wider seinen Willen mit sich reißt. Er wird häufig ausgezankt, aber es ist, als spräche man zu einer Kuh.« Vor allem aber ihr dritter Sohn, Carl Ludwig, machte Sophie große Sorgen: »Er macht den Eindruck eines dicken, kleinen Bauernbuben und wenn der Hofpfarrer nach Aufbietung seiner ganzen Geduld glaubt, ihm etwas begreiflich gemacht zu haben, da sagt er eine einziges Wort, aus dem erhellt, dass er aber schon gar nichts verstanden hat.«

»Abends war ich bei den Kindern …
Franzi las Gedichte vor.
Sein Gedächtnis ist unglaublich …«

Baronin Sturmfeder in einem Brief an ihre Familie

»Spectacle müssen seyn«

Tagebucheintrag des jungen Franz Josephs

Bereits im 17. Jahrhundert entwickelten die Habsburger eine besondere Begeisterung für theatralische Darbietungen, an denen sie auch selbst als Schauspieler, Tänzer und Sänger mitwirkten. Damit gehörte die Teilnahme an Theater-, Opern- und Ballettaufführungen zum festen Bestandteil der Erziehung und zum Alltag der kaiserlichen Kinder. Vor allem seit Maria Theresia standen Theateraufführungen im familiären Kreis regelmäßig auf dem Programm, und daran hatte sich nichts geändert. Auch Sophie hielt diese Tradition aufrecht und ließ die Kinder Theateraufführungen einstudieren, wobei es nicht nur um abendliche Unterhaltung im Familienkreis ging: Spiel war bei den Habsburgern auch immer mit einem pädagogischen Zweck verbunden. Die Kinder sollten mit diesen kleinen Vorstellungen sicheres Auftreten lernen und ihre Scheu, vor vielen Menschen zu sprechen, ablegen. Franz konnte seinen Text immer auswendig, sprach ihn aber mit wenig Emotion – Max dagegen deklamierte mit großer Hingabe und Pathos, dafür hatte er immer wieder Hänger. Baronin Sturmfeder beschrieb in einem Brief an ihre Familie eine ähnliche Situation, aus der der Unterschied der Brüder besonders gut hervorgeht: »Abends war ich bei den Kindern ... Franzi las Gedichte vor. Sein Gedächtnis ist unglaublich. Er liest das Gedicht und wiederholt Dir sogleich ein paar Strophen auswendig. Er sagte mir heute, er ziehe Schiller Goethe vor. Wie gefällt Dir das von einem Kinde, das erst zehn Jahre alt ist? Ferdinand Max hört aufmerksam zu, verbat sich manches, denn, sagte er, dann träume er wieder so hässlich. Carl nahm wenig teil ...« Max, den damals kein Thron erwartete, erlebte eine unbeschwerte Kindheit und entwickelte sich auch dementsprechend. Franz war bereits zu einem artigen, frühreifen und altklugen Thronfolger dressiert.

Das Tagebuch gibt einen seltenen Einblick in den straffen Alltag des 14-jährigen Erzherzogs und dokumentiert die harte Realität der kaiserlichen Kindheit, die aus Unterricht, Prüfungen, Exerzieren und repräsentativen Verpflichtungen bestand. Obwohl der Erzherzog von Privatlehrern unterrichtet wurde, hatte er große Prüfungsangst und notierte anlässlich einer Zwischenprüfung in seinem Tagebuch: 27.10. 1843: „Nun fingen mit schrecklichen Ängsten die mündlichen Prüfungen an.« Und danach: »Ich war froh nun von so vielen Ängsten befreyt zu seyn. Doch nun muß ich wieder wacker an das Studieren gehen ...«

Franz mit seinen Brüdern Ferdinand Maximilian und Carl Ludwig sowie seiner Schwester Anna, die bereits im Alter von vier Jahren verstarb. Lithographie, um 1835.

1

Kinderbriefe

Eine besonders spannende Quelle, die den späteren Kaiser von einer unbekannten Seite zeigt, sind seine Kinderbriefe im Haus-, Hof- und Staatsarchiv.

Der junge Erzherzog konnte sich zwar nur selten dem Drill entziehen, dann aber kamen ganz andere Charaktereigenschaften zum Vorschein. So zeigt sich, dass er, der in allen bisherigen Biographien als ernst, pflichtbewusst und vor allem phantasielos beschrieben wird, in seinen Kinderbriefen überaus phantasie- und humorvoll war, ja sogar despektierlich, wie Karikaturen und Anmerkungen dazu zeigen. Diese Briefe machen klar, dass sogar der brave Erzherzog Anwandlungen von jugendlichem Übermut hatte. So plante er heimlich für ein von ihm inszeniertes Theaterstück einen Brand mit anschließender Überschwemmung sowie andere »Spectacel«:

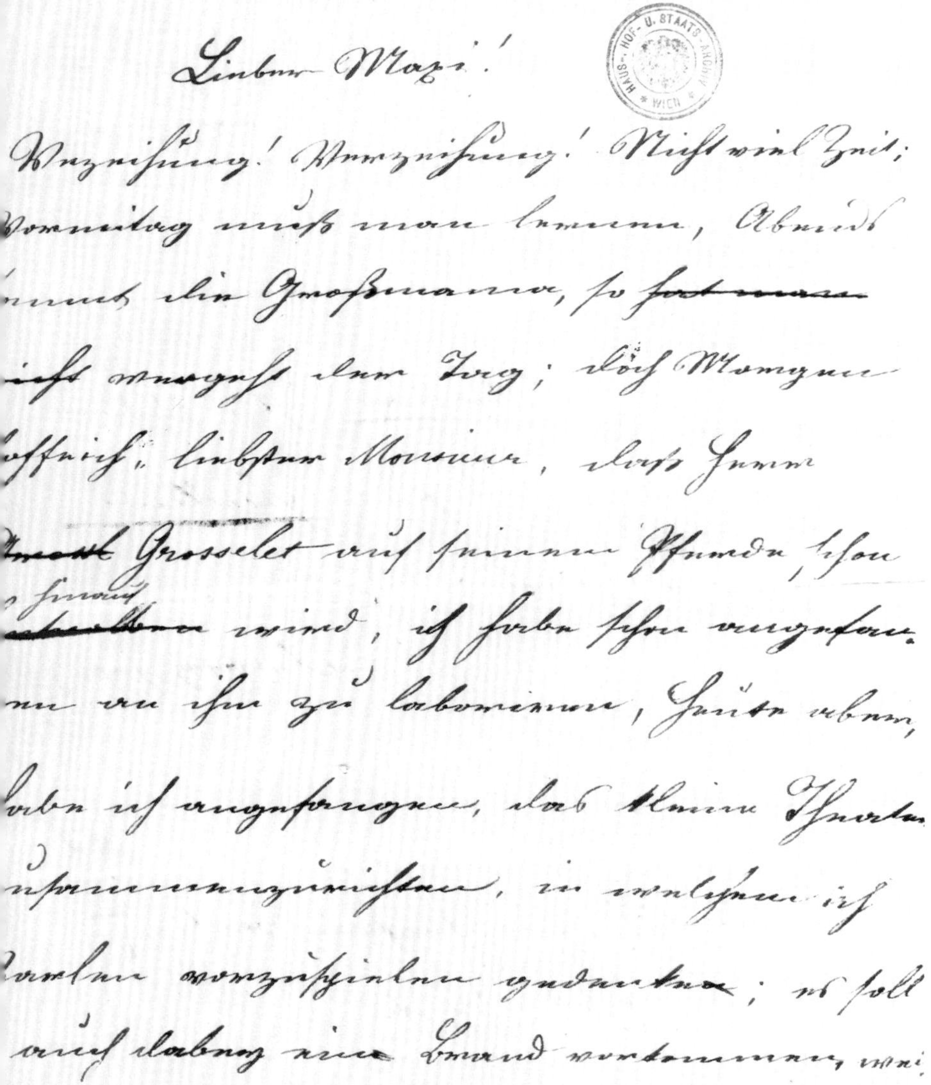

Lieber Maxi!

Verzeihung, Verzeihung! Nicht viel Zeit; Vormittag muß man lernen, Abends kommt die Großmama, so vergeht der Tag … heute aber habe ich angefangen, das kleine Theater zusammenzurichten, in welchem ich Karlen vorzuspielen gedenke; es soll auch dabey ein Brand vorkommen, welcher mit Spiritus gemacht wird …

»Ich hoffe ruhiger zu werden und recht brav zu seyn...«

Tagebucheintrag des vierzehnjährigen Erzherzogs

Der junge Erzherzog

Im Jahr 1842 wurde der Stundenplan des Zwölfjährigen auf 50 Wochenstunden erweitert. Er lernte neben Deutsch, Französisch, Ungarisch, Tschechisch und Latein Geschichte, Geographie, Rechtskunde, Politikwissenschaft, Physik, Chemie, Mathematik – und vor allem Religion. Dazu kam noch Tanzen, Reiten, Exerzieren. Sein Weltbild wurde konsequent klerikal und militärisch geprägt – Werte, die später seine gesamte Regierungszeit prägen sollten. Am Abend standen neben den erwähnten Theateraufführungen oft Kinderbälle auf dem Programm, um den Erzherzog auf das gesellschaftliche Parkett vorzubereiten. Franz versuchte wie immer, die in ihn gesetzten Erwartungen zu erfüllen und verrichtete verlässlich seine Pflicht. Doch wie belastend er diesen Druck empfunden haben muss, zeigte sich in einer bei Hof wenig beachteten Tatsache: über einen längeren Zeitraum hinweg klagte Franz über Magenschmerzen und erbrach jeden Tag vor Beginn seines straff organisierten Tages. Gleichzeitig musste der Erzherzog, obwohl er sportlich und mutig war, seine Angst vor großen Pferden überwinden. Sein Reitlehrer fürchtete schon, dass Franz Joseph niemals reiten lernen würde, hatte aber nicht mit dem starken Willen seines Schülers gerechnet: Franz zwang sich, seine Angst in den Griff zu bekommen und wurde auf Grund seiner ungeheuren Willensanstrengung und Zähigkeit schließlich ein sicherer und eleganter Reiter. Dieser unbeugsame Wille, die Härte gegen sich selbst und Pflichterfüllung als oberstes Prinzip sollten ihn zeit seines Lebens charakterisieren.

An seinem dreizehnten Geburtstag wurde er zum Obersten des Dragonerregiments Nr. 3 ernannt, ein Jahr später erhielt er das Goldene Vlies, den höchsten Orden des Hauses Österreich.

Franz mit roter Uniformjacke und Fahne. Reproduktion nach einem Gemälde von Franz von Amerling, 1838.

Die Darstellung zeigt deutlich die Ambitionen der energischen und ehrgeizigen Erzherzogin Sophie, die ihren Sohn auf den Kaiserthron bringen wollte, nachdem klar war, dass Kaiser Ferdinand keine Nachkommen haben würde. Durch geschickte Bildpropaganda verstand sie es, die Popularität ihrer Kinder - und vor allem ihres ältesten Sohnes - in der Öffentlichkeit zu lancieren. Der achtjährige Franz ist auf diesem Bild sehr ernst dargestellt, ein Bajonett umgehängt und die wehende Fahne der österreichischen Monarchie an seine Schulter gelehnt - gleichsam als Hinweis auf die schwere Aufgabe, die auf ihn zukommen würde. Tornister, Patronentasche und Tschako, Symbole für die Armee, sind abgelegt.

Unterrichtsstunde des Erzherzogs in Anwesenheit seiner Mutter Sophie, des Kardinal Rauschers, des Grafen Heinrich Bombelles und des Freiherrn von Gorizutti. Lithographie von Franz Leypold nach Ferdinand Laufberger, um 1840.

»... es ist gern geschehen!«

Kaiser Ferdinand zur Thronbesteigung seines Nachfolgers Franz Joseph

Die Thronbesteigung

Erzherzogin Sophie hatte sich in den vergangenen Jahren immer intensiver mit Politik beschäftigt und begann vor dem Hintergrund der sich zuspitzenden innenpolitischen Situation offen politisch aktiv zu werden. Im Zuge der Bürgerlichen Revolution im Jahr 1848 floh der Hof aus Wien. Zunächst nach Innsbruck, später nach Olmütz, wo fieberhaft an einer Lösung gearbeitet wurde. Von Kaiser Ferdinand war nichts zu erwarten, und auch Franz Josephs Vater, Franz Karl, war nicht die Persönlichkeit, der man die nötige Intelligenz, Tatkraft und das entsprechende Auftreten zutraute. So war zu Sophies großer Genugtuung immer öfter vom jungen Franz als Nachfolger die Rede. Sie war an ihrem Ziel angelangt – ihr Sohn sollte Kaiser werden. Zunächst folgten jedoch noch Beratungen und Diskussionen, wie der neue Kaiser heißen sollte. Sophie wollte unbedingt, dass sich Franz in Erinnerung an den von ihr verehrten und geschätzten Kaiser Franz I. Franz II. nennen sollte. Die Politiker sprachen sich jedoch entschieden dagegen aus, da sich mit dem jungen Kaiser auch eine neue Ära ankündigen sollte und »Franz II.« zu sehr an die unmittelbare Vergangenheit anknüpfte. So entschloss man sich zum Doppelnamen Franz Joseph, wobei »Joseph« ganz bewusst an den großen Reformkaiser Joseph II. erinnern sollte. Franz Joseph sollte also gleichermaßen für Tradition und Fortschritt stehen.

Sophies Hoffnungen erfüllten sich am 2. Dezember 1848, als Kaiser Ferdinand schließlich abdankte, Franz Karl auf den Thron verzichtete und Franz Joseph im Alter von 18 Jahren Kaiser von Österreich wurde ⓘ. Franz Joseph, der von Kindheit an auf seine Aufgabe vorbereitet worden war, meisterte seine schließlich doch unerwartet frühe Thronbesteigung ergriffen, aber beherrscht und mit sicherem Auftreten. Es wartete keine leichte Aufgabe auf ihn. Franz Joseph war von Kindheit an eingetrichtert worden, die Tradition zu bewahren. Von ihm waren keine Visionen zu erwarten, kein Wille und Mut zu einem eigenständigen Weg, neuen Gedanken oder gar Veränderungen.

Die Thronbesteigung

Sophie beschrieb die Thronbesteigung in ihrem Tagebuch folgendermaßen: »Gegen 8 Uhr versammelte sich die Familie vor dem Kaiser im Saal, ... Wir setzten uns im Halbkreis, der Kaiser las einige Worte des Verzichts, die mich weinen ließen, auch Elisabeth und besonders Maxi, Charles und Joseph, die nichts geahnt hatten. Schwarzenberg las alle Papiere vor, die sich auf diesen Akt bezogen, die beiden Kaiser unterzeichneten sie. Franzi erbat den Segen des Kaisers, der ihn umarmte, ebenso die Kaiserin. Diese besonders zärtlich. Unser liebes Kind kniete vor Franz Karl und mir nieder und erbat unseren Segen. Er warf sich an mein Herz und hielt mich lange in den Armen. Es war so berührend ...«

2

Kaiser, Ehemann, Vater

»Viribus unitis.«

»Mit vereinten Kräften.«

Wahlspruch Kaiser Franz Josephs

Der »blut«-junge Kaiser

Franz Josephs Thronbesteigung bedeutete nach der Niederschlagung der Bürgerlichen Revolution einen Sieg der monarchisch-konservativen Kräfte und den Beginn einer neoabsolutistischen, reaktionären Politik. Nur Ungarn verweigerte die Anerkennung des neuen Königs und rief die Republik aus. Erst mit Hilfe der Truppen des russischen Zaren konnte der Aufstand niedergeschlagen werden. Franz Joseph, von reaktionären Beratern umgeben, beging in den ersten Monaten seiner Regierung bereits mehrere schwere politische Fehler. Vor allem mit der Hinrichtung der ungarischen Aufständischen – in erster Linie Mitglieder des ungarischen Hochadels – machte er sich viele Feinde. In einem Brief an seinen Verbündeten, den russischen Zaren, der ihm eindringlich geraten hatte, im Sinne einer dauerhaften Befriedung Gnade walten zu lassen, antwortete Franz Joseph, dass er auf Grund seiner persönlichen Gefühle glücklich wäre, Gnade walten lassen zu können, doch dass das Wohlergehen des Staates es ihm zur heiligen Pflicht mache, äußerste Strenge zu üben. Franz Joseph, dem man beigebracht hatte, auf seine Berater zu hören, gab dem Willen seiner Militärs und Politiker nach, allen voran General Haynaus, und verurteilte die Anführer der ungarischen Aufständischen zum Tode.

Links: Kaiser Franz Joseph. Gemälde von Anton Einsle, 1848.

Doch damit nicht genug wurde sogar der ungarische Ministerpräsident Ludwig Graf Batthyány hingerichtet. Europa war entsetzt und sprach von Justizmord. Franz Joseph war blind seinen Beratern gefolgt und hatte einen seiner größten Fehler begangen. Überall sprach man vom »blut«-jungen Kaiser, doch seine Berater ließen nicht locker: Haynau ließ insgesamt 114 Todesurteile vollstrecken, 1765 Personen wurden zu schweren Kerkerstrafen verurteilt. Ab diesem Zeitpunkt war der Kaiser in Ungarn verhasst und es sollte viele Jahre dauern, bis es zu einer Aussöhnung mit Ungarn kommen konnte.

»Viribus unitis«

»Mit vereinten Kräften« lautete der Wahlspruch des Kaisers. Als er den Thron bestieg, war er Monarch eines 56 Millionen Einwohner zählenden Reiches, in dem zahlreiche Völker, Sprachen und Religionen vereint waren. Dazu zählten neben Österreich das Königreich Böhmen mit Schlesien, Mähren, Galizien, Lodomerien und der Bukowina im Nordosten, das Königreich Ungarn mit Kroatien, Slavonien, Dalmatien, Siebenbürgen, der Wojwodina und dem Banat im Südosten sowie das Königreich Lombardo-Venezien. Die Amtssprachen waren Deutsch sowie die landesüblichen Sprachen Tschechisch, Slowakisch, Polnisch, Rumänisch, Ukrainisch, Ungarisch, Kroatisch, Slowenisch, Serbisch und Italienisch.

Attentat des Schneidergesellen János Libényi auf Kaiser Franz Joseph. Lithographie von Albrecht, nach 1853.

Attentat auf den Kaiser

Auch in Österreich war man unzufrieden. Franz Joseph kehrte zum Absolutismus zurück und hob 1851 sogar die von ihm selbst erlassene Verfassung des Jahres 1849 wieder auf. Der Reichstag in Kremsier wurde aufgelöst und führende Demokraten verhaftet. All dies machte Franz Joseph äußerst unpopulär. Die negative Stimmung erreichte ihren Höhepunkt in einem Attentat, das kurze Zeit später auf ihn verübt wurde: Der ungarische Schneidergeselle János Libényi stürzte sich während eines Spaziergangs des Kaisers auf der Kärntner Bastei auf ihn, verletzte ihn allerdings nur leicht mit einem Messer am Hinterkopf. Vor allem Sophie war bestürzt und ging nun daran, sich wieder aktiver in das Leben ihres Sohnes einzubringen. Das Attentat brachte eine erste Wende in den Sympathiewerten des Kaisers, Sophie nutzte die Stimmung und setzte auf positive »Schlagzeilen«: Franz Joseph sollte sich verheiraten und eine Familie gründen.

Verlobung in Ischl

Erste Annäherungsversuche mit der preußischen Prinzessin Anna von Hohenzollern scheiterten, doch Sophie, die auf eine deutsche Prinzessin als Schwiegertocher hoffte, gab sich nicht geschlagen. Sie hatte ja noch andere deutsche Prinzessinnen als Nichten. 1853 lud sie ihre Schwester Ludowika mit ihren Töchtern Helene und Elisabeth nach Ischl ein. Die bayerische Seitenlinie der Wittelsbacher war nicht erste Wahl für den Kaiser von Österreich, aber deutsch und katholisch.

Franz Joseph verliebte sich auf den ersten Blick in die fünfzehnjährige Sisi. Sophie schrieb über diese erste Begegnung ihrem Sohn Ferdinand Max: »... in dem Augenblick, als der Kaiser Sisi erblickte, ein Ausdruck so großer Befriedigung in seinem Gesicht erschien, daß man nicht mehr zweifeln konnte, auf wen seine Wahl fallen würde. Er strahlte und Du weißt, wie sein Gesicht strahlt, wenn er sich freut. Die liebe Kleine ahnte nichts von dem tiefen Eindruck, den sie auf Franzi gemacht hatte.« Franz Joseph hatte seine Wahl getroffen, und obwohl seine Mutter ihn bat, die Sache nicht zu überstürzen, wollte Franz Joseph nicht länger als unbedingt notwendig warten. Sophie notierte in ihrem Tagebuch: »Der Kaiser schwärmte. Nein, wie süß Sisi ist. Sie ist wie eine aufspringende Mandel und welche herrliche Haarkrone umrahmt ihr Gesicht! Was hat sie für liebe Augen und Lippen wie Erdbeeren!«

»Erinnerung an Possenhofen«: Franz Joseph und Elisabeth sowie Herzog Max in Bayern bei einer Bootsfahrt. Lithographie, 1853.

Bereits am 19. August fand die feierliche Verlobung statt. Sisi war von all der Aufmerksamkeit, die man ihr entgegenbrachte, eingeschüchtert – Franz Joseph hingegen überglücklich. Seine Mutter war von der Wahl ihres Sohnes überrascht, hatte aber Verständnis für die verschreckte Sisi und war nicht, wie oft berichtet, gegen die Wahl ihres Sohnes. Im Gegenteil, anlässlich des ersten öffentlichen Auftritts beim Geburtstagsball Franz Josephs beschrieb sie Sisi als »so anmutsvoll, so bescheiden, so untadelig, so graziös ...«, vor allem aber freute sie sich, ihren Sohn so glücklich zu sehen.

In der Verlobungszeit besuchte Franz Joseph Sisi so oft er konnte in München und Possenhofen und brachte jedes Mal Geschenke mit, wobei er ihr die größte Freude mit einem Papagei machte. Im Oktober schrieb er seiner Mutter aus München: »... um Ihnen zu sagen, wie unaussprechlich glücklich ich hier und in Possenhofen war, wo ich in aller Ruhe meinem Glück leben konnte. Nie werde ich es Ihnen, liebe Mama, genug danken können, mir ein so inniges Glück gegründet zu haben. Alle Tage liebe ich Sisi mehr und immer mehr überzeuge ich mich, daß keine besser passen kann als sie ...«

»Er strahlte, und Du weißt, wie sein Gesicht strahlt, wenn er sich freut.«

Erzherzogin Sophie in einem Brief an ihren Sohn Ferdinand Max

Elisabeth, Herzogin in Bayern, Kaiserin von Österreich. Gemälde von Anton Einsle, um 1858.

2

Kaiservilla Bad Ischl

»Der irdische Himmel«

Schon in seiner Kindheit hatte Franz Joseph eine enge Beziehung zu Ischl, wo ihm ein halbwegs privates Leben abseits des Wiener Hofes möglich war.

Seit seiner Verlobung mit Elisabeth und dem Bau der Kaiservilla – einem Geschenk der Erzherzogin Sophie anlässlich ihrer Hochzeit – wurde Ischl zum »irdischen Himmel«, wie Franz Joseph ihn nannte, und zur Lieblingsresidenz des Kaiserpaares. Hier fühlten sich beide wohl, ungezwungen und unbeobachtet und konnten ungestört ihren Interessen nachgehen – Franz Joseph der Jagd und Elisabeth ihren Bergtouren und Wanderungen. So wurde die Kaiservilla in Ischl zum sommerlichen Refugium, in das der Kaiser mit seiner Familie »aus der papierenen Schreibtischexistenz mit ihren Sorgen und Mühen«, wie es Franz Joseph formulierte, fliehen konnte. Hier konnten beide die wenigen Tage, die sie ungestört mit der Familie in der Natur verbringen konnten, besonders genießen.

Die Kaiservilla ist bis heute im Besitz der Nachkommen Kaiser Franz Josephs und kann besichtigt werden.

Porträt Kaiser Franz Josephs und Kaiserin Elisabeths. Miniatur auf Porzellan, um 1855.

Das junge Kaiserpaar

Am 24. April 1854 fand die Hochzeit statt, doch Elisabeths Erwartungen in ihre Ehe wurden schnell zerstört. Schon die ersten Tage nach der Hochzeit wurden für die beiden zu einem wahren Spießrutenlauf. Es gab praktisch keine Intimsphäre – bereits am Tag nach der Hochzeit platzten die beiden Mütter in das gemeinsame Frühstück des jungvermählten Paares und musterten sie neugierig. Sophie schrieb dazu in ihrem Tagbuch: »Danach vertrauliche Unterredung eines jeden Kindes mit seiner Mutter«, was nichts anderes hieß, als dass beide Mütter ihre Kinder detailliert ausfragten und es kein Geheimnis blieb, dass es in der Hochzeitsnacht nicht zur »Erfüllung der ehelichen Pflichten« gekommen war – und wann genau, wusste schließlich auch der ganze Hof.

Die Flitterwochen verbrachten Franz Joseph und Elisabeth in Laxenburg – allerdings verabschiedete sich Franz Joseph täglich in den frühen Morgenstunden von seiner Frau, um zu Regierungsgeschäften nach Wien zu fahren. Abends kam er spät, und dann fanden die Diners im Familienkreis statt – Zeit füreinander fanden die beiden wenig. Elisabeth war enttäuscht, hatte Heimweh und fühlte sich einsam.

Elisabeth kam trotz Vorbereitung mit ihrer neuen Lebenssituation nicht zurecht – sie fühlte sich beobachtet und bespitzelt und stieß beim zeremoniösen Wiener Hof mit ihren Anpassungsschwierigkeiten auf Ablehnung. Man ließ sie spüren, dass sie keine erstrangige Partie war, keinem Königshaus entstammte, kein Vermögen und nicht die Bildung einer Prinzessin hatte – sie sprach kein Französisch und war selbst bei deutscher Konversation gehemmt, unsicher und verlegen, und sie konnte nicht tanzen. Ihre Stärken – Natürlichkeit, Ehrlichkeit und Anmut – waren am streng hierarchischen, von Protokollen und zeremoniellen Vorschriften geprägten Wiener Hof nicht gefragt. Franz Joseph liebte Elisabeth zwar über alles, aber er ließ sie mit ihren Ängsten und Schwierigkeiten allein und überließ zu viele Angelegenheiten seiner Mutter, die er damit auch in die Rolle einer Erzieherin drängte. Franz Joseph war für Elisabeth in dieser Zeit die einzige Bezugsperson, umso mehr fühlte sie sich von ihm im Stich gelassen. Erst viele Jahre später lernte sie, Verständnis für Ihren Mann zu zeigen. Sie hatte auch nicht die Gelegenheit zu seiner Vertrauten zu werden, da Sophie zeit ihres Lebens diese Position einnahm. Elisabeth wurde von Anfang an von jeglicher Entscheidung oder politischer Einflussnahme ausgeschlossen, und so hatten Franz Joseph und Elisabeth auch nicht die Möglichkeit, einander wirklich kennen zulernen, die Meinung des anderen schätzen zu lernen und sich näher zu kommen. Noch dazu hatte Elisabeth als junges Mädchen noch nicht das Selbstbewusstsein, um eine Position jenseits ihrer repräsentativen Verpflichtung zu kämpfen.

Am 5. März 1855 kam die erste Tochter, Sophie, zur Welt. Franz Joseph und seine Mutter waren bei der Geburt dabei, und sie schilderte die Geburt in ihrem Tagebuch: »Er küsste sie ohne Unterlass, tröstete sie und klagte mit ihr und schaute mich bei jeder Wehe an, um zu sehen ob ich damit zufrieden war.« Und als das Kind geboren war: »Der Kaiser brach in Tränen aus, er und Sisi hörten nicht auf sich zu küssen und sie umarmten mich mit der lebhaftesten Zärtlichkeit.« Das Kaiserpaar war überglücklich und schon im Jahr darauf, am 5. Juli 1856, brachte Elisabeth ein zweites Mädchen, Gisela, zur Welt.

»Alle Tage liebe ich Sisi mehr und immer mehr überzeuge ich mich, daß keine besser passen kann als sie ...«

Franz Joseph in einem Brief an seine Mutter

Das junge Kaiserpaar; Lithographie von Eduard Kaiser, 1856.

Konflikte zwischen Elisabeth und Sophie

In dieser Zeit nahmen die Konflikte zwischen Elisabeth und Sophie allmählich zu. Sophie war daran gewöhnt, dass man sich bei Hof – das galt auch für den Kaiser – ihren Vorstellungen unterordnete, und Elisabeth hatte noch zu großen Respekt vor ihrer mächtigen Schwiegermutter, die bis zu ihrer Heirat die »erste Dame« des Wiener Hofes gewesen war. Langsam wurde sie sich allerdings ihrer Stellung bewusst – SIE war die Kaiserin und erste Dame des Reiches. Dazu trug sicherlich auch Elisabeths wachsende Popularität bei, die ihr zunehmend Selbstvertrauen gab.

Elisabeth begann sich gegen ihre Schwiegermutter aufzulehnen, wofür ihre unterschiedlichen Vorstellungen, was die Erziehung der Kinder betraf, Anlass gaben. Sophie hatte die Kindskammer neben ihrem Appartement einrichten lassen – Elisabeth wollte ihre Kinder jedoch um sich haben und wehrte sich nun dagegen, ihre Kinder im Appartement ihrer Schwiegermutter besuchen zu müssen – in einer Kindskammer, die noch dazu dem Befehl ihrer Schwiegermutter unterstand. Erzherzogin Sophie wollte Elisabeth allerdings nicht aus Hartherzigkeit oder Böswilligkeit die Kinder »wegnehmen«, für sie stand stets das Wohl das Hauses Habsburg im Vordergrund: Ihrer Meinung nach war der Platz einer Kaiserin an der Seite ihres Mannes, womit diese aber nicht die Zeit hatte, sich um die Kinder zu kümmern. Franz Joseph versuchte zu vermitteln, Sophie gab schließlich nach, und die Kinder übersiedelten. Doch 1857 folgte der große Schock: Elisabeth wollte ihre Kinder nun auch auf Reisen mitnehmen, wogegen sich Sophie deutlich aussprach, da sie die Reisen für die Kinder zu strapaziös und gefährlich hielt.

Wieder standen sich zwei Generationen gegenüber – prallten zwei Welten aufeinander. Sophie erwartete von einer Kaiserin Professionalität. Sie meinte, dass Elisabeth nun mal keine »Bürgersfrau« sei, und ihre Pflicht als Kaiserin von Österreich an erster Stelle stehe – und zwar vor ihren Kindern. Elisabeth hingegen sah sich mehr als Mutter denn als Kaiserin, sie wollte ihre Kinder um sich haben und stellte ihre persönlichen Lebensvorstellungen in den Vordergrund. Franz Joseph versuchte sich aus den Zwistigkeiten herauszuhalten. Er befand sich in einem Loyalitätskonflikt, den er weder lösen konnte noch wollte. Elisabeth erwartete, dass er bedingungslos zu ihr

»Habsburgs jüngste Blüte: Erzherzogin Sophie«. Lithographie, 1855.

stehe, doch sie hatte die Macht ihrer Schwiegermutter über ihren Mann unterschätzt – und Franz Joseph überfordert. Der Kaiser blieb seiner Mutter immer treu ergeben und hätte sich niemals gegen sie stellen können. Sein Versuch, neutral zu bleiben, schuf Distanz zwischen ihm und Elisabeth, die sich auch diesmal gegen ihre Schwiegermutter durchsetzte und ihre Töchter auf eine Ungarnreise mitnahm. Beide Töchter erkrankten an Durchfall und hohem Fieber, doch während sich die kleine Gisela bald erholte, verstarb Sophie mit zwei Jahren. Franz Joseph und Elisabeth waren verzweifelt. Elisabeth suchte die Schuld bei sich, gab den Kampf gegen ihre Schwiegermutter um die Kindererziehung auf und überließ Gisela ganz der Obhut Sophies. Am 21. August 1858 wurde schließlich der lang ersehnte Kronprinz geboren, auch er wurde unter der Aufsicht seiner Großmutter von Ajas – den Erzieherinnen der Kindskammer – versorgt.

Kaiser Franz Joseph und Kaiser Napoleon III. bei der Unterzeichnung des Waffenstillstandes am 12. Juli 1859.

Krisenzeit

Mit dem Tod Feldmarschall Radetzky im Jahr 1858 ging eine Ära zu Ende. 1859 brach der Krieg zwischen Österreich und Sardinien-Piemont aus. Nach der Niederlage in der Schlacht bei Magenta eilte Franz Joseph an die Front und übernahm selbst den Oberbefehl, was sich als tragischer Fehler erweisen sollte. Die Entscheidungsschlacht bei Solferino wurde eine der verlustreichsten Niederlagen der habsburgischen Armee – Franz Joseph hatte als Feldherr versagt. Langsam wurde auch Kritik an der Kaiserin laut. Elisabeth fühlte sich einsam, zog sich völlig zurück und weigerte sich, öffentlich aufzutreten. Man warf ihr nun unverhohlen vor, dass sie weder ihre Verpflichtungen als Kaiserin wahrnähme, noch sich um die Kinder kümmere, sondern sich entweder in ihr Appartement zurückzog oder stundenlang ausreite, was als Desinteresse an der politischen und sozialen Situation der Monarchie empfunden wurde. Franz Joseph bat sie verzweifelt, sich öffentlich zu zeigen: »Ich bitte Dich, um der Liebe willen, die Du mir geweiht hast, nehme Dich zusammen, zeige Dich manchmal in der Stadt, besuche Anstalten. Du weißt nicht, wie Du mir damit helfen kannst. Das wird die Leute in Wien aufrichten und den guten Geist erhalten, den ich so dringend brauche.«

Elisabeth organisierte zwar ein Spital in Laxenburg für die Verwundeten – wurde dort aber selten gesehen. Sie war zwar an Politik wenig interessiert, begann sich aber zu informieren, teilte dem Kaiser ihre Ansichten mit und versuchte ihm Ratschläge zu geben. Franz Joseph legte darauf allerdings keinen Wert und Sophie versuchte diese Einmischung in ihr Revier im Keim zu ersticken.

Eheleben

Je älter und selbstbewusster Elisabeth wurde, desto größer wurde die Distanz zwischen den Eheleuten – zu verschieden waren ihre Charaktere. Franz Joseph fühlte sich zuerst als Kaiser und erst in zweiter Linie als Ehemann. Pflichterfüllung hatte oberste Priorität – Persönliches stand immer an zweiter Stelle. Elisabeth empfand genau umgekehrt. Ihre Reaktion war Flucht – Flucht in Schönheitskult, sportlichen Ehrgeiz, schwärmerische Poesie und vor allem in intensive Reisetätigkeit. Franz Joseph ließ Elisabeth ziehen – er spürte, dass sie an seiner Seite nicht glücklich war, da sie sich nicht im Stande fühlte, ihm zur Seite zu stehen. Da er sie wirklich über alles liebte, ermöglichte er ihr die Realisierung eines eigenständigen, unabhängigen Lebens – auch wenn das bedeutete, dass er ohne sie leben musste. Nachdem Elisabeth ihre Hoffnungen auf eine erfüllende Ehe bald aufgegeben hatte und schließlich auch von ihren Verpflichtungen als Kaiserin befreit war, entwickelte sich – wohl auch durch die Distanz – eine freundschaftliche Ehe.

Sophie, die heimliche Kaiserin

Sophie hatte erreicht, dass ihr Sohn Kaiser geworden war, sie lenkte und leitete ihn ihr Leben lang. Zwar betonte sie immer wieder, dass sie sich bei der Thronbesteigung ihres Sohnes fest vorgenommen habe, sich in keine Staatsangelegenheiten einzumischen, doch sie hielt sich nicht lange an ihren guten Vorsatz. Mit der Hochzeit ihres Sohnes hatte sie ihre Stellung als erste Dame bei Hof theoretisch verloren, praktisch hatte sich nichts geändert. Bei Hof galt das Wort der Kaiserin weit weniger als das der Erzherzogin – sie gab die Anweisungen, traf die Entscheidungen und war überzeugt, dass es ihre Aufgabe war, wie einst ihren Sohn auch Elisabeth zu einer Kaiserin nach ihren Vorstellungen zu formen.

Kaiser Franz Joseph und Kaiserin Elisabeth bei einem Spaziergang in Bad Kissingen. Photographie von J. Kolb, 1898.

Kaiserin Elisabeth am Fenster des Ateliers Albert in München, 1865.

Das Kaiserpaar bei einem Ausritt. Photomontage von Emil Hartitzsch nach Photographien von Emil Rabending und Ludwig Angerer, 1865/66.

3

Kaiserin Elisabeth

Sophie hatte ihre Stellung bei Hof nicht nur behauptet, sondern ausgebaut. Franz Joseph war zwar Kaiser, doch da man ihm seit frühester Kindheit eigenständiges Denken und Handeln abgewöhnt hatte, war er eher der Vollstrecker des politischen Willens seiner Mutter. Dies galt für alle politischen Belange, von Österreichs Bündnispolitik angefangen über seine weiterhin starre Haltung Ungarn gegenüber bis hin zu Österreichs reaktionärer Kirchenpolitik. So unterzeichnete Franz Joseph 1855 das Konkordat, das Papst Pius IX. als den »staatsrechtlichen Höhepunkt der katholischen Restaurationsbewegung gegen den absoluten Staat und die liberale Zeitströmung« feierte. So sicherte sich die katholische Kirche ihren unumschränkten Einfluss auf das gesamte Erziehungswesen, wurden das katholische Eherecht sowie die kirchliche Ehegerichtsbarkeit eingeführt. Franz Joseph wurde in ganz Europa für dieses mittelalterliche Konkordat kritisiert, Sophie aber war zufrieden. Sie erwartete von ihrer Schwiegertochter, dass sie ihre Aufgaben als Kaiserin professionell erfülle, so wie sie selbst auch immer ihre persönlichen Interessen in den Hintergrund gestellt und vor allem dem Staat gedient hatte.

Die k.u.k. Monarchie

Am 8. Juni 1867 legte Franz Joseph den Eid auf die ungarische Verfassung ab und wurde gemeinsam mit Elisabeth, die sich für die ungarischen Interessen vehement eingesetzt hatte, in der Budapester Matthiaskirche feierlich zum König von Ungarn gekrönt. Die beiden Länder waren nun durch die Person des Kaisers bzw. Königs, durch gemeinsame Außen-, Finanz-, und Heeres- bzw. Kriegspolitik verbunden, hinsichtlich Verwaltung, Justiz, Kultur und Unterricht konnte das ungarische Parlament autonom entscheiden. Der Ausgleich formte das Kaiserreich in die k(aiserlich). u(nd). königliche Doppelmonarchie um, die durch ein Handschreiben Franz Josephs die Bezeichnung »Österreichisch-Ungarische Monarchie« erhielt.

Die Krönung des Kaiserpaares in der Budapester Matthiaskirche. Lithographie, 1867.

Von Königgrätz zur Doppelmonarchie

Franz Joseph begründete seine Popularität nicht auf politischen Erfolgen, im Gegenteil. Österreich wurde unter seiner Regierungszeit nicht größer und mächtiger, sondern verlor mit Ausnahme der Annexion Bosnien-Herzegowinas im Jahr 1908 nach und nach Territorien, Macht und Einfluss. Nach dem Verlust der Lombardei und schließlich auch Veneziens kam 1866 die dritte große Niederlage hinzu. Franz Josephs Versuch einer »großdeutschen« Politik unter habsburgischer Führung scheiterte zunehmend an Bismarck und dem preußischen Führungsanspruch. Der daraus resultierende Krieg gegen Preußen endete mit einer verheerenden Niederlage Österreichs bei Königgrätz und bedeutete das Ende der Vorrangstellung Österreichs im Deutschen Bund. Österreich war geschwächt, was liberalen Kräften zum Durchbruch verhalf. In Verhandlungen erreichten sie in Ungarn im März 1867 den Ausgleich, der den Magyaren weitgehende Unabhängigkeit zusicherte und die k.u.k. Monarchie (i) begründete.

»O! Könnte ich ihm nur alles sagen!«

Tagebucheintrag Erzherzogin Marie Valeries

Die Töchter Gisela und Marie Valerie

Als Erzherzogin Gisela 1856 geboren wurde, stand Franz Joseph politisch unter Druck und verbrachte daher wenig Zeit mit seiner Tochter. Er bemühte sich, ein guter Vater zu sein, Staatsgeschäfte hatten jedoch Vorrang. Gisela war zwar kein hübsches, aber ein unkompliziertes und lustiges Kind. Zu ihrem Bruder Rudolf, mit dem sie gemeinsam aufwuchs, hatte sie ein enges Verhältnis, ebenso zu ihrer Großmutter Sophie, die, weil Elisabeth meist auf Reisen war, die Mutterstelle vertrat. Beeinflusst von ihrer Großmutter, hatte sie vor ihrem Vater höchsten Respekt, sah in ihm aber mehr den Kaiser als ihren Vater. Ähnlich ging es Marie Valerie, die im Unterschied zu ihren Geschwistern die meiste Zeit mit ihrer Mutter verbringen durfte und die wenige Zeit, die sie mit ihrem Vater zusammen war, umso aufregender fand. Die Kinder hatten gelernt, ihre Gefühle ihrem Vater gegenüber zu verbergen, und vor allem die schwärmerische Marie Valerie litt darunter, ihrem Vater nie wirklich zeigen zu können, wie sehr sie ihn liebte und bewunderte: »O! Könnte ich ihm nur alles sagen, was ich für ihn fühle! Könnte er es nur ahnen!« Gerade Valerie, die von Elisabeth mit ihrer spät entdeckten Mutterliebe überschüttet wurde, fühlte sich sehr zu ihrem Vater hingezogen und in vielem ähnlich, traute sich aber auf Grund der Distanz zwischen ihnen nie offen und ungeniert mit ihm zu sprechen. Euphorisch schilderte die Sechzehnjährige in ihrem Tagebuch, wie sie erstmals mit ihrem Vater in seinem Arbeitszimmer frühstücken und ihm am nächsten Tag sogar beim Arbeiten zusehen durfte. Franz Joseph meinte, dass es langweilig sein müsse, ihm beim Arbeiten zuzusehen, für Valerie aber war es das

Kaiser Franz Joseph mit Gisela und Rudolf. Photographie von Ludwig Angerer, um 1860.

Das Kaiserpaar mit den Kindern Gisela und Rudolf. Lithographie, um 1862.

Erzherzogin Marie Valerie, das jüngste der Kinder von Kaiser Franz Joseph und Kaiserin Elisabeth. Photographie von Emil Rabending, 1872.

Kronprinz Rudolf. Photographie, 1862.

Erzherzogin Gisela, die älteste Tochter Kaiser Franz Josephs und Kaiserin Elisabeths. Photographie von Ed. Ellinger, 1872.

größte Glück, über eine Stunde mäuschenstill neben ihrem verehrten Vater sitzen zu dürfen. Franz Joseph hatte keine Ahnung, welch große Freude er seiner Tochter damit machte. Marie Valerie hatte Angst, dass ihre Mutter eifersüchtig sein könnte und suchte daher nur dann zu ihrem Vater Kontakt, wenn Elisabeth auf Reisen war. War sie mit beiden Elternteilen zusammen, traute sie sich, aus Angst vor ihrer eifersüchtigen Mutter, nie, Franz Joseph ihre Zuneigung zu zeigen. Als Erwachsene gab Marie Valerie ihrer Großmutter Sophie die Schuld für die Unnahbarkeit ihres Vaters: »... dass es System meiner Grossmama gewesen, Papa und seine Brüder zu isolieren, von jeder Intimität mit der übrigen Familie fernzuhalten, sie wie auf einer Insel haltend, meinte sie, ihnen mehr Autorität vor den anderen zu verschaffen, sie vor Einflüssen zu schützen. – Nun also sehe ich die Ursache, warum Papa so ganz alleine steht, keine Freude hat am Umgang mit Verwandten, daher angewiesen ist auf den Rat fremder oft unzuverlässiger Menschen.«

Kronprinz Rudolf.
Photographie, um 1872.

Kronprinz Rudolf

Das Verhältnis zu seinem 1858 geborenen einzigen Sohn, Kronprinz Rudolf, war von Beginn an ein belastetes. Für Franz Joseph war es klar, dass sein Sohn und Nachfolger die militärische Tradition fortsetzen müsse und er ernannte Rudolf einen Tag nach seiner Geburt zum Inhaber des 19. Linien-Infanterie Regiments. Damit war Rudolfs Weg von Geburt an von seinem Vater vorbestimmt. Wie sein Vater trug er im Alter von zwei Jahren seine erste Uniform und begleitete ihn mit dreieinhalb Jahren zu stundenlangen Truppenparaden. Doch Rudolf war nicht wie sein Vater. Soldaten und Militärparaden faszinierten ihn nicht, sondern machten ihm eher Angst. In seinen Briefen ermahnte Franz Joseph den Vierjäh-

»nur höre ich, daß Du Dich gefürchtet hast, was eine Schande ist ...«

Franz Joseph in einem Brief an seinen Sohn Rudolf

rigen immer wieder, mutiger und männlicher zu sein: »... Ihr habt ja die Soldaten von Deinem Regimente tanzen sehen; das muß sehr hübsch gewesen sein ...« und zu seinem achten Geburtstag wünschte Franz Joseph seinem Sohn: »... Ich hoffe Du wirst der lieben Mama und mir immer Freude machen, recht muthig, männlich und fleissig sein.« Um das »Krepierl«, wie Franz Joseph seinen sensiblen Sohn nannte, abzuhärten und auf seine soldatische Laufbahn vorzubereiten, wurde ihm eine streng militärische Erziehung verordnet, die die Situation allerdings nur verschlimmerte, aus Rudolf ein verängstigtes, nervöses und kränkliches Kind machte und entscheidenden Einfluss auf sein späteres Leben hatte. So verordnet sein Erzieher Graf Gondrecourt ohne jegliches pädagogische Gespür drakonische Maßnahmen wie Kaltwasserkuren, stundenlanges Exerzieren (eines Siebenjährigen!) bei Kälte und Regen, nächtliches Wecken durch Pistolenschüsse und ähnliches. Franz Joseph liebte seinen Sohn, fand ihn aber verweichlicht und war der fixen Überzeugung, dass Rudolf der militärische Drill gut tun würde. Elisabeth, die in den ersten Lebensjahren Rudolfs meist auf Reisen war und daher in dieser Zeit nur brieflichen Kontakt zu den Kindern hatte, war ahnungslos. Als sie Rudolf jedoch 1865 nach langer Abwesenheit wiedersah, fand sie ihn dermaßen verängstigt und nervös, dass es »lebensgefährlich« sei und meinte, dass Gondrecourts Erziehungsmethoden Rudolf ja »beinahe zum Trottel« machen müssten. Sie stellte Franz Joseph im August 1865 ein Ultimatum: »Ich wünsche, daß mit vorbehalten bleibe unumschränkte Vollmacht in allem, was die Kinder betrifft, die Wahl ihrer Umgebung, den Ort ihres Aufenthaltes, die komplette Leitung ihrer Erziehung, mit einem Wort, alles bleibt mir ganz allein zu bestimmen, bis zum Moment der Volljährigkeit. Elisabeth.«

Franz Joseph gab nach und Elisabeth bestellte in der Folge Graf Latour zum Erzieher Rudolfs. Mit viel Einfühlungsvermögen begleitet er den Kronprinzen bis zum Ende seiner Studienzeit 1877, wurde zu einer Art »Vaterersatz« und blieb ihm sein

Kronprinz Rudolf mit seiner Gemahlin Stephanie von Belgien. Photographie von C. Pietzner, um 1882.

Die letzte Geliebte Kronprinz Rudolfs, Marie »Mary« Vetsera. Photographie, 1889.

Der aufgebahrte Kronprinz in der Wiener Hofburg, 1889

4

Die Tragödie in Mayerling

Am 30. Jänner 1889 erschoss sich Rudolf mit seiner letzten Geliebten, der siebzehnjährigen Baronesse Mary Vetsera, die bereit war, mit ihm in den Tod zu gehen, in seinem Jagdschloss Mayerling im Wienerwald.

Der ungeklärte Tathergang sorgt bis heute für zahlreiche Spekulationen und Legenden. Fest steht, dass der Kronprinz zuerst Mary erschoss und anschließend sich selbst. Durch das Vorhandensein von Obduktionsbefunden und Abschiedsbriefen kann eine Ermordung des Kronprinzen ebenso ausgeschlossen werden wie eine tödliche Verletzung im Zuge eines Handgemenges. Um den Skandal zu vertuschen, dass der Kronprinz nicht nur sich, sondern auch ein junges Mädchen umgebracht hatte, wurde die Leiche der Baronesse unter menschenunwürdigen Umständen bei Nacht und Nebel aus dem Schloss geschmuggelt und am nahegelegenen Friedhof in Heiligenkreuz bestattet. Nach der Tragödie wurde das Jagdschoss in ein Kloster umgewandelt und ist heute zu besichtigen.

»Ich sehe die schiefe Ebene, auf der wir abwärtsgleiten, stehe den Dingen sehr nahe, kann aber in keiner Weise etwas thun, darf nicht einmal laut reden, das sagen, was ich fühle und glaube.«

Brief des Kronprinzen Rudolf an seinen Erzieher und Vertrauten Graf Latour

Leben lang freundschaftlich verbunden. Durch Latour erhielt Rudolf eine bürgerlich-liberal geprägte Ausbildung, die ihn zu einem aufgeschlossenen, interessierten Mann machte, der den aristokratischen Lebensstil verachtete. Sein privates Umfeld bestand in erster Linie aus liberalen Intellektuellen und Wissenschaftlern, wofür er vom konservativen und klerikal geprägten Wiener Hof hart attackiert wurde und sich politisch einflussreiche Kreise zu Feinden machte. Rudolf beklagte die isolierte Stellung des Kaisers, der sich nur auf die Berichte seiner Berater verließ und sogar nur ausgewählte Zeitungsartikel zu lesen bekam. Die Zensur funktionierte praktisch in beide Richtungen – das Volk und der Kaiser bekamen nur zu lesen, was vom Hof genehmigt war. »Unser Kaiser hat keinen Freund, sein Charakter, sein Wesen lassen dies nicht zu. Er steht verlassen auf seiner Höhe, mit seinen Dienern spricht er über die Berufsgeschäfte jedes einzelnen, doch ein Gespräch vermeidet er ängstlich, darum weiß er wenig über das Denken und Fühlen der Leute, über die Ansichten und Meinungen des Volkes ... Er glaubt, wir sind jetzt in einer der glücklichsten Epochen Österreichs, offiziell sagt man es ihm, in den Zeitungen liest er nur die rot bezeichneten Stellen, und so ist er getrennt von jedem rein menschlichen Verkehr, von jedem unparteiischen, wirklich gesinnungstüchtigen Ratschlag«, schrieb der Kronprinz 1881. Rudolfs politische Anschauungen standen immer mehr in krassem Gegensatz zur offiziellen Politik des Hofes und zwangen ihn zu einem Leben voller Heimlichkeiten. Seine politische Korrespondenz verschlüsselte er mittels Chiffriereinrichtung, seine politischen Artikel veröffentlichte er anonym. Rudolf führte einen jahrelangen Kampf um eine Aufgabe, die seinen Fähigkeiten entsprach, wurde aber zeit seines Lebens von seinem Vater ignoriert. Franz Joseph traute seinem Sohn nichts zu und ließ ihn das schmerzlich spüren. Rudolfs Privatleben verlief ebenso unbefriedigend wie sein berufliches. 1881 heiratete er Stephanie von Belgien, zwei Jahre danach wurde ihre Tochter Elisabeth, »Erzsi«, geboren. Die anfangs bemüht harmonische Ehe wurde über die Jahre durch die unterschiedliche persönliche Entwicklung der beiden sowie zunehmende Ausschweifungen des Kronprinzen bedroht und scheiterte nicht zuletzt auch daran, dass er seine Frau mit Gonorrhoe (Tripper) ansteckte, die zur Unfruchtbarkeit der Kronprinzessin führte. Stephanie kam aus erzkatholischem Haus, war hochmütig, liebte Repräsentation und zeremonielles Hofleben. Rudolf hingegen kannte wie seine Mutter keine Standesdünkel und fühlte sich in ungezwungener Atmosphäre, die er vor allem in Heurigenlokalen fand, am wohlsten. Ab 1888/89 verschlechterte sich Rudolfs Gemütszustand dramatisch. Zahlreiche Liebesabenteuer, seine gescheiterte Ehe, vor allem aber sein gescheiterter Kampf um politische Verantwortung und Anerkennung durch seinen Vater hatten aus dem Dreißigjährigen einen verzweifelten, resignierten und zerstörten Menschen gemacht. An seinen Vertrauten Graf Latour schrieb er: »Ich sehe die schiefe Ebene, auf der wir abwärtsgleiten, stehe den Dingen sehr nahe, kann aber in keiner Weise etwas thun, darf nicht einmal laut reden, das sagen, was ich fühle und glaube.«

Kaiserin Elisabeth, die als Erste bei Hof vom tragischen Tod ihres Sohnes informiert worden war, übernahm es, die Nachricht dem Kaiser zu überbringen. Franz Joseph war tief getroffen, er war seinem Sohn so entfremdet, dass er seine Verzweiflung nicht erkannt hatte. Wie immer zeigte er nach außen kaum Reaktionen. Er hatte nie gelernt, Gefühle zu zeigen und Elisabeth war ihm keine Stütze. Marie Valerie notierte in ihrem Tagebuch: »... Unser Papa war ruhig, gottergeben, heldenhaft und heilig. Ich konnte ihn nicht ansehen, ohne zu weinen.« Und später: »Papas fast überirdisch fromme, klaglose Ergebung, Mamas starrer Schmerz mit ihrem Glauben an Prädestination ... dies alles ist so unsagbar bitter anzusehen.« Mit äußerster Selbstbeherrschung verbrachte Franz Joseph die folgenden Tage mit Kondolenzbesuchern und nahm am gesamten Programm der Begräbnisfeierlichkeiten teil. Erst viele Wochen später gestand er seiner jüngsten Tochter Marie Valerie: »Ich werde alle Tage trauriger«, was alle überraschte, da er immer als Fels in der Brandung angesehen wurde. Valerie schrieb: »... Aber er beherrscht sich so sehr, dass wir das nie geglaubt hätten.«

3

Kaiserlicher Alltag

Der Tagesablauf des Kaisers

Der Tag des Kaisers begann täglich um halb vier Uhr früh. Um diese Uhrzeit betrat sein Leibkammerdiener, dessen Dienstzimmer unmittelbar neben dem Schlafzimmer des Kaisers lag, mit den Worten »Leg' mich zu Füßen Eurer Majestät, guten Morgen« das Schlafzimmer. Franz Joseph stand sofort auf, erkundigte sich nach dem Wetter und begann seine morgendliche Toilette. Dann kleidete er sich an, gewöhnlich die schlichte Uniform eines Infanterieleutnants, und kniete sich zu einer kurzen Morgenandacht auf seinen Betstuhl, der neben seinem Bett stand. Danach begab er sich direkt an seinen Schreibtisch und begann die zurechtgelegten Akten aufzuarbeiten. In dieser Zeit kam täglich sein Leibarzt Hofrat Kerzl zur Morgenvisite und erkundigte sich nach dem Befinden des Kaisers. Um fünf Uhr früh brachte ihm der Kammerdiener schließlich sein Frühstückstablett mit Kaffee, Butter, Gebäck sowie – außer an Fasttagen – Schinken. Dann begann sein Arbeitstag. Um neun Uhr meldete sich sein Generaladjutant zur Audienz, dem der Chef der Militärkanzlei und der Obersthofmeister folgten. Danach kamen die Minister und zweimal wöchentlich fanden die allgemeinen Ministerconseils statt, die im Konferenzzimmer abgehalten wurden.

Sein Leibkammerdiener in den letzten zwölf Jahren, Eugen Ketterl i (Seite 87), berichtete, dass Franz Joseph in seinen späten Jahren sehr wohl an der Wahrheit interessiert war und Aufrichtigkeit und Offenheit schätzte. Böse konnte er seinem Kammerdiener zufolge nur werden, wenn er entdeckte, dass man Dinge vor ihm verheimlichen oder vertuschen wollte. Ebenso war er an der Stimmung in der Bevölkerung interessiert: Ketterl berichtete, dass der Kaiser vor allem morgens beim Ankleiden immer über alles informiert werden wollte. Ob dies mit den Vorwürfen

Das Arbeitszimmer von Kaiser Franz Joseph in der Hofburg mit dem Gemälde
Kaiserin Elisabeths von Franz Xaver Winterhalter (1864).
Photographie von Raimund Stillfried von Rathenitz, um 1900.

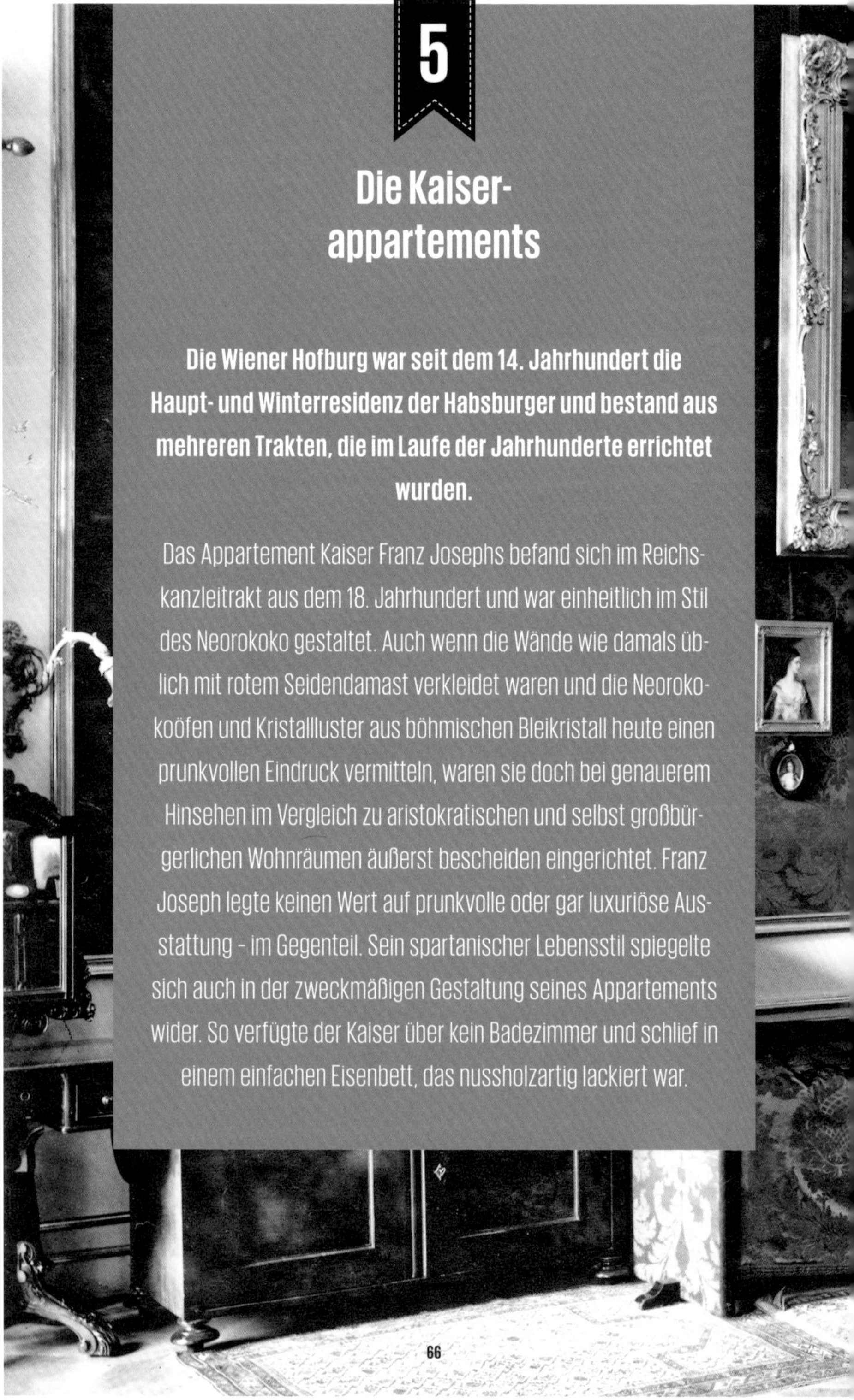

5

Die Kaiserappartements

Die Wiener Hofburg war seit dem 14. Jahrhundert die Haupt- und Winterresidenz der Habsburger und bestand aus mehreren Trakten, die im Laufe der Jahrhunderte errichtet wurden.

Das Appartement Kaiser Franz Josephs befand sich im Reichskanzleitrakt aus dem 18. Jahrhundert und war einheitlich im Stil des Neorokoko gestaltet. Auch wenn die Wände wie damals üblich mit rotem Seidendamast verkleidet waren und die Neorokokoöfen und Kristallluster aus böhmischen Bleikristall heute einen prunkvollen Eindruck vermitteln, waren sie doch bei genauerem Hinsehen im Vergleich zu aristokratischen und selbst großbürgerlichen Wohnräumen äußerst bescheiden eingerichtet. Franz Joseph legte keinen Wert auf prunkvolle oder gar luxuriöse Ausstattung – im Gegenteil. Sein spartanischer Lebensstil spiegelte sich auch in der zweckmäßigen Gestaltung seines Appartements wider. So verfügte der Kaiser über kein Badezimmer und schlief in einem einfachen Eisenbett, das nussholzartig lackiert war.

seines Sohnes und dessen tragischem Selbstmord in Zusammenhang steht, sei dahingestellt. Ketterl machte sich überhaupt bei der Hofkamarilla äußerst unbeliebt, da er sich bemühte, den Kaiser aus seiner eigentlich unfreiwilligen und vom Hof aufgezwungenen Isolation zu lösen. Sophie hatte diese isolierte Stellung ihres Sohnes bis zuletzt forciert und Franz Joseph war nie der Gedanke gekommen, sich dagegen aufzulehnen. Erst in den späten Jahren übermittelte Ketterl vieles, was der Kaiser normalerweise nie zu hören oder sehen bekommen hätte, zum Beispiel Zeitungsartikel.

Punkt zwölf Uhr wurde das Mittagessen serviert. Es bestand aus einer Suppe, Rindfleisch mit Gemüse, Beefsteak oder Geflügel und dazu ein Glas »Spaten-Bier«. Franz Joseph nahm sein Mittagessen immer auf seinem Schreibtisch ein, um keine wertvolle Zeit zu vergeuden und danach gleich wieder weiterarbeiten zu können. Ketterl war oft erbost, dass Franz Joseph ausgerechnet in dieser kurzen Zeit des Mittagessens von Mitgliedern der Kabinettskanzlei mit »dringenden« Berichten gestört wurde und verhalf dem Kaiser mit einer eher außergewöhnlichen Maßnahme zu einer kurzen Mittagspause: Er versperrte kurzerhand die Tür des Arbeitszimmers. Der Nachmittag gehörte wieder den Akten – links die unerledigten, rechts die erledigten.

i

Kaiserliche Laster

Das einzige »Laster«, das sich Franz Joseph nicht nehmen ließ, war das Rauchen. Er liebte seine Virginier, eigentlich eine billige Zigarre, die auch von den Wiener Fiakern geraucht und daher auch »Kutscherzigarre« genannt wurde. Erst in späteren Jahren musste er auf Anraten der Ärzte auf die leichtere Sorten, Regalia Media umsteigen. Da er starker Raucher war, verwendete der Kaiser die für ihn typischen langen Zigarrenspitze, damit ihn der Rauch nicht so störte.

Zigarrenetui und Zigarrenspitz des Kaisers.

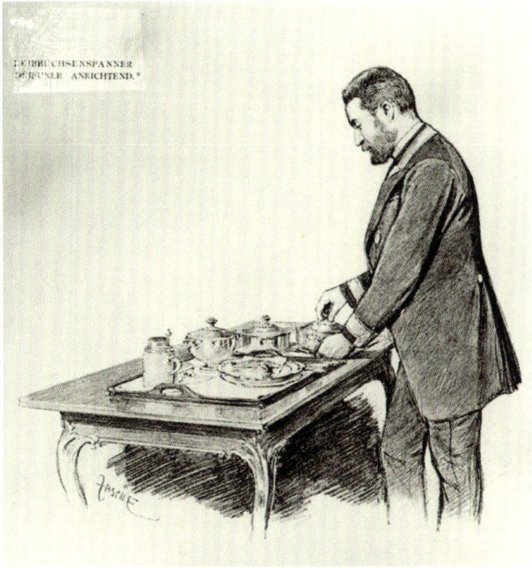

Leibkammerdiener Friedrich Spannbauer richtet das Déjeuner des Kaisers. Zeichnung von Theo Zasche, um 1900.

Um sechs Uhr fand dann das Allerhöchste Familiendiner statt, zu dem alle in der Burg bzw. in Schönbrunn weilenden Familienmitglieder geladen waren. Selbst Diners im Kreis der engsten Verwandten folgten einem strengen Zeremoniell, das dem der Hoftafeln sehr ähnlich war. Als Gisela und Marie Valerie verheiratet und außer Haus waren, vor allem aber nach Elisabeths Tod, empfand selbst der Kaiser die Familiendiners als eine unangenehme, steife Angelegenheit, bei der meist eine gespannte Stimmung herrschte. Franz Joseph mochte die wenigsten seiner in Wien lebenden Verwandten und da er das Verhalten vieler Erzherzoge als unkorrekt empfand, wollte er die meisten gar nicht, viele nur selten sehen, und mit der Zeit blieben die Familiendiners schließlich ganz aus. Franz Joseph liebte vor allem einfache Gerichte wie Tafelspitz und Kaiserschmarrn und legte keinen Wert auf exquisite kulinarische Genüsse. Im Sommer, vor allem in Ischl, aß er abends sogar am liebsten nur einen Teller Saure Milch mit Schwarzbrot. Um neun Uhr abends ging der Kaiser gewöhnlich schlafen, nur im Fall offizieller Anlässe wie Hofbällen und Galadiners blieb er länger auf.

»... Die Stimmung ist heiter, das Gespräch lebhaft, abwechslungsvoll und jeder ist bestrebt, den Kaiser zu zerstreuen.«

Elisabeth Irma Sztáray, Hofdame Kaiserin Elisabeths, in ihrem Tagebuch

Zu Gast bei Hof

War man zur Hoftafel geladen, erhielt man eine »Einladung zur Tafel bei Seiner Majestät dem Kaiser«, auf der Datum und Uhrzeit, zu der man zur Hofburg zufahren sollte, ebenso vermerkt waren wie der Ort, an welchem man sich mit den übrigen Gästen zu versammeln hatte, sowie die Bekleidungsvorschrift. Wenn alle Gäste versammelt waren, wurde der Kaiser informiert und begab sich zu seinen Gästen. Nach einer kurzen Begrüßung ging man zu Tisch. Der Kaiser saß immer in der Mitte der Tafel, ihm gegenüber sein Ehrengast, wobei Damen und Herren abwechseln placiert waren. Konversation war nur mit dem Tischnachbarn gestattet. Konversation und Gespräche in einer größeren Gruppe waren erst nach dem Diner möglich, dazu zogen sich die Herren meist in den Rauchsalon zurück, da es unhöflich war, in Gesellschaft von Damen zu rauchen. Das Gerücht, man habe bei Hof nichts zu essen bekommen, da der Kaiser so wenig und so hastig aß, dass bereits wieder abserviert wurde, kaum dass man serviert bekommen hatte, muss zeitgenössischen Quellen zufolge ins Reich der Legenden verwiesen werden.

Oben: Das Wappen des österreichischen Kaiserhauses, Detail einer Menükarte für ein Familiendiner im August 1909
Unten: Blick in die große Hofküche. Photographie, um 1900.

Die Allerhöchste Hoftafel

Die Tafel war stets mit vergoldeten Tafelaufsätzen geschmückt, die mit Konfekt und Blumen – die allerdings geruchlos sein mussten – dekoriert waren. Die Tafel war jeweils für einen Gang gedeckt, zu jedem Gang wurde ein anderer Wein serviert, wofür jeweils ein eigenes Glas vorgesehen war. Neben dem Gedeck lagen die Menükarte sowie ein persönliches Salzschälchen. Der Servierlakai bot die Schüsseln und Platten an, der Weinlakai die Getränke, der Saucenmann servierte die Saucen sowie das Gemüse. Der vierte Lakai wechselte schließlich die Teller, wobei das gesamte Servierpersonal unter der Aufsicht des Hoftafelinspektors präzise und vor allem lautlos zu arbeiten hatte. Damit die Speisen immer frisch und vor allem warm serviert werden konnten, wurden sie von der Hofküche in beheizten Wärmekisten in die jeweilige Appartements transportiert und in angrenzenden Anrichteräumen mit Kohle-, später auch mit Gasrechauds warm gehalten. Der Gang galt als beendet, sobald der Kaiser sein Besteck niedergelegt hatte. Da daraufhin sofort abserviert wurde, achtete Franz Joseph als höflicher Gastgeber stets darauf, langsam zu essen und sein Besteck erst niederzulegen, wenn seine Gäste fertig gespeist hatten. Ein Diner bei Hof bestand aus neun bis 13 Gängen, dauerte aber nur an die 45 Minuten.

Gedeckte Tafel im Speisezimmer der Wiener Hofburg zur Zeit Kaiser Franz Josephs.

»Der Kaiser liebte diese Feste nicht, denn sie störten seine Ruhe, da er gewöhnt war, zwischen 8 und halb 9 Uhr schlafen zu gehen.«

Kammerdiener Eugen Ketterl in seinen Memoiren

6

Schloss Schönbrunn

Das Sommerschloss der Habsburger war Franz Josephs Lieblingsresidenz in Wien. 1830 war er hier geboren worden und hier verbrachte er auch einen Großteil seines Lebens. Er liebte die Ruhe, Natur und vor allem die Möglichkeit vor Arbeitsbeginn durch den weitläufigen Park zu spazieren oder auszureiten. In seinen späten Jahren blieb Franz Joseph, der Schönbrunn im Unterschied zur großen Hofburg wesentlich gemütlicher und familiärer fand, sogar das ganze Jahr über in Schönbrunn. Hier starb er auch am 21. November 1916.

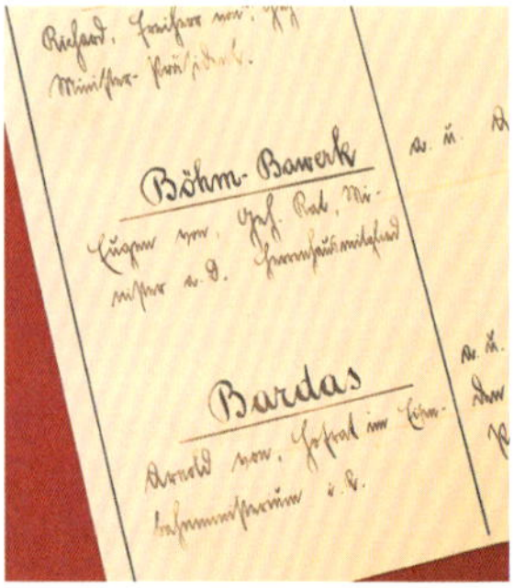

Audienzliste
vom 3. Januar 1910.

Audienzzimmer des Kaisers
in der Hofburg.

»Die Audienznehmer warten auf ihre Audienz beim Kaiser.«
Zeichnung von Theo Zasche, um 1900.

Zur Audienz bei Seiner Majestät

Zweimal pro Woche fanden Generalaudienzen statt. Zu diesen Audienzen, die in der Wiener Zeitung angekündigt wurden, konnte jedermann mit seinen persönlichen Anliegen zum Kaiser kommen. In der Kabinettskanzlei suchte man um einen Termin an und nannte dabei auch den Grund seines Kommens. Der Publizist Franz Anton Rosental schrieb dazu, »... dass es nirgends einen Monarchen gibt, bei dem als wahrem Landesvater auch der Ärmste Unterthan ohne Schwierigkeit eine Audienz erlangen kann, und dass die betreffenden Herrn Beamten mit nämlicher Theilname und Herablassung auch den geringsten Bittsteller bestens behandeln ...«

Bis in die neunziger Jahre empfing Franz Josef an einem Vormittag durchschnittlich 100 Personen. Erst im hohen Alter wurde diese Zahl auf die Hälfte eingeschränkt.

Die Audienznehmer gelangten über die Kaisersteige in den Audienzwartesaal, wo ein Hofoberkommissär die Namen der angemeldeten Personen überprüfte und sie nach dem Rang ordnete, während ein Flügeladjutant die Aufgabe hatte, die Wartenden zu unterhalten, bis sie vorgelassen wurden. Die Gründe, beim Kaiser vorzusprechen, waren unterschiedlichster und zumeist ganz privater Natur. Man kam, um sich für eine Auszeichnung zu bedanken, sich vorzustellen, wenn man ein öffentliches Amt angetreten hatte; war man in Notlage geraten, konnte man um finanzielle Unterstützung oder etwa um Gnade für zu hart oder zu Unrecht bestrafte Verwandte bitten. Zeitgenossen geben uns eine lebendige Vorstellung von der Situati-

Kaiserlicher Dresscode

Die Audienznehmer hatten entweder in Militär-, Beamten- oder Hofuniform, schwarzem Frack bzw. im dunklen Schleppkleid – oder in Nationaltracht zu erscheinen. Vor allem Bürger aus ländlichen Gebieten, die über keinerlei Uniform oder gar Frack verfügten, erschienen überwiegend in Nationaltracht. Dies war außergewöhnlich, doch Franz Joseph war es ein Anliegen, jeden seiner Untertanen anhören zu können, ohne dass Kleidungsvorschriften dies verhindern könnten. So gaben die Audienznehmer im Wartesaal in ihren regionalen Trachten auch ein buntes Bild der Monarchie ab.

7

Des Kaisers Uniformen

Da sich Franz Joseph Zeit seines Lebens als Soldat fühlte, trug er stets Uniform.

Er besaß eine umfangreiche und prächtige Militärgarderobe, jedoch nur wenig, alte, abgetragene und unmoderne Zivilbekleidung. Von den Uniformen, die sich bis heute im Original erhalten haben, sind einige im Heeresgeschichtlichen Museum Wien zu besichtigen.

on und Stimmung in diesem Saal – nervös übte jeder Audienznehmer immer und immer wieder den eingeübten Satz, mit dem man beim Kaiser vorstellig werden wollte, um nur ja nicht im entscheidenden Moment vor lauter Ehrfurcht kein Wort herauszubringen. Dann kam der große Augenblick. – Die Audienzen dauerten in der Regel nur einige Minuten und waren mit einem leichten Kopfnicken des Kaisers beendet.

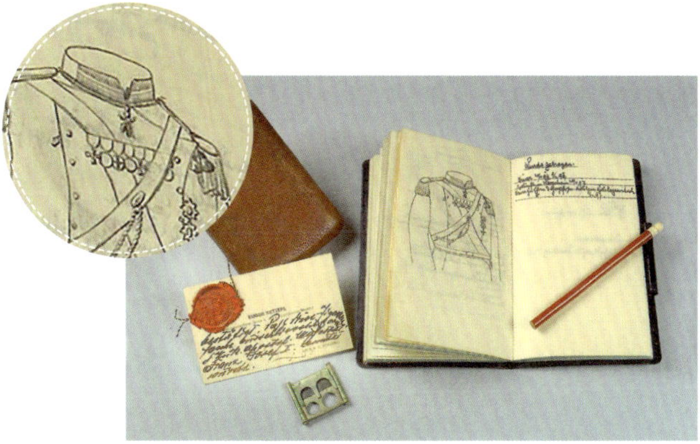

Uniformbuch Kaiser Franz Josephs, in dem Eugen Ketterl detailliert aufzeichnete, wann der Kaiser welche Uniform getragen hatte.

Erinnerungen seines Leibkammerdieners

Sein Kammerdiener Eugen Ketterl beschrieb den Kaiser folgendermaßen: »Der Kaiser war zu uns allen sehr gütig und von eigenartiger Höflichkeit ... niemals befahl er, stets bat er um eine Dienstleistung und bedankte sich, wenn man ihm das Gewünschte reichte oder den Vollzug des Auftrages meldete ... Seine Majestät hatte sich ungeheuer in der Gewalt. Niemals sah ich den Kaiser launisch oder jähzornig, niemals hörte ich ihn schreien. Er fühlte als ›Kaiser‹ stets Hemmungen und hegte das Bewusstsein, daß ein Sichgehenlassen dem Prinzip des Kaisertums widerspreche. Er zeigt sich immer ruhig und selbstbeherrscht, mochte er in seinem Inneren auch noch so erregt sein.«

»... dass es nirgends einen Monarchen gibt, bei dem als wahrem Landesvater auch der Ärmste Unterthan ohne Schwierigkeit eine Audienz erlangen kann, und dass die betreffenden Herrn Beamten mit nämlicher Theilname und Herablassung auch den geringsten Bittsteller bestens behandeln ...«

Franz Anton Rosental über Kaiser Franz Joseph

Als Erstes fiel Ketterl die unglaubliche Sparsamkeit des Kaisers auf. Dies begann damit, dass der Kaiser bei seiner Reise nach Cap Martin, wo er sich für einige Tage mit Elisabeth traf, darauf verzichtete, den separaten Hofzug zu benützen – das würde zuviel kosten, meinte er lapidar und ließ seinen Salonwagen an den fahrplanmäßigen Zug koppeln. Überhaupt war Ketterl bei seinem Dienstantritt regelrecht erschüttert über die bescheidenen Verhältnisse, in denen der Kaiser lebte: »Wer sich etwa vorstellen sollte, daß der reiche, mächtige Kaiser von Österreich Wäsche und Schuhe sonder Zahl und in exquisiter Ausführung sein eigen nannte, irrt ganz gewaltig. Insbesondere die Garderobe des ›Grafen von Hohenembs‹ – diesen Namen führte der Kaiser, wenn er inkognito reiste – war mehr als dürftig außer dem Jagdkostüm, einem schon bedenklich unmodernen Frack und einem Salonrock,

Ein kleiner Junge überreicht Kaiser Franz Joseph eine Bittschrift. Handkoloriertes Glasdiapositiv, um 1910.

»Aber das kostet doch zuviel Geld!«

Franz Joseph in den Erinnerungen seines Kammerdieners

der auch schon halb der Geschichte angehörte, gab es kaum zwei brauchbare Sakkoanzüge ... Die Wäsche war aus einfachem Kattun hergestellt und hätte einem Vergleich mit meiner nicht standhalten können ...«

Modische Belange waren dem Kaiser gänzlich gleichgültig. Franz Joseph legte zwar enormen Wert darauf, dass alle Details und Accessoires an seinen unzähligen Uniformen stimmten, in Zivil trug er, wie Ketterl feststellte, ohne Bedenken zu einem grünen Sakko eine blaue Krawatte. Ketterl berichtete: »Was die Garderobe Seiner Majestät, zunächst die Zivilkleidung, betraf, so herrschten da geradezu trostlose Zustände. Der frühere Leibkammerdiener Hornung, der sie hätte instand halten sollen, war ein achtzigjähriger Greis, der sich um nichts mehr kümmerte und alle fünf gerade sein ließ, und schon allein der Umstand, daß sich der Monarch mit den Leistungen dieses bedächtigen und eigensinnigen alten Mannes zufrieden gab, beweist die Anspruchslosigkeit des Kaisers.«

Leibkammerdiener Rudolf Rottner
im Schlafzimmer des Kaisers.
Zeichnung von Theo Zasche, um 1900.

Der kaiserliche Kammerdiener

Eugen Ketterl kam 1892 im Alter von 35 Jahren auf Empfehlung des Grafen Bellegarde, dessen Schlossverwalter er gewesen war, an den Wiener Hof. Zwei Jahre lang diente er in der Tafelkammer, bis er 1894 zum Leibkammerdiener des Kaisers ernannt wurde. In dieser Funktion stand er der Kammer – dem persönlichen Haushalt des Kaisers – vor. Das Kammerpersonal bestand aus 14 Personen – vom Türhüter über den Büchsenspanner bis hin zu den Weißmädchen, die sich um die Wäsche kümmerten. Er betreute den Kaiser bis zu dessen Tod und wurde auch zu einem seiner engsten Vertrauten. Dank Ketterls Memoiren, die er nach dem Ende der Monarchie schrieb, lernen wir den Kaiser nicht nur aus nächster Nähe kennen, sondern erfahren so manch Erstaunliches – und überraschend Amüsantes aus seinem Alltag.

Eine Episode, die Ketterl in seinen Memoiren festhielt, zeugt nicht nur davon, sondern vor allem auch von der Gutmütigkeit und dem doch ab und zu aufblitzenden Humor Franz Josephs. Als der Kaiser einmal eine bestimmte Uniform verlangte und diese partout nicht aufzufinden war, »glaubte ein findiger Lakai die Lösung, oder besser, eine glückliche Ausrede in der Meldung gefunden zu haben, daß die Hose von Motten zerfressen worden sei. Der Kaiser verzog keine Miene, schüttelte nur den Kopf und sagte nachdenklich: ›Schrecklich, und nicht einmal die Knöpf' haben sie zurückgelassen!‹«

Ketterl war auch höchst erstaunt, dass der Kaiser von Österreich nur einen einzigen Pelz besaß. Als Ketterl nun den Kaiser höflich darauf aufmerksam machte, dass dieser Pelz nach zwanzigjähriger Dienstzeit wohl seine Schuldigkeit getan habe und man an die Anschaffung eines neuen gehen sollte, war dieser entsetzt und meinte »Aber das kostet doch zuviel Geld!« Ketterl bestand auf einem neuen Pelz, doch die Entscheidung, 800 Gulden dafür auszugeben, fiel dem Kaiser äußerst schwer, da er auf dem Standpunkt stand, dass alle Anschaffungen, die seinem persönlichen Gebrauch dienten, überflüssig und daher zu vermeiden seien.

IN DER UNIFORMEN-GARDEROBE.*

Des Kaisers alte Kleider

Waren ein Kleidungsstück oder andere Gegenstände aus dem Privatgebrauch des Kaisers so abgetragen oder abgenützt, dass sogar der sparsame Kaiser einsah, dass sie ausgemustert werden mussten, wurden sie nicht weggeworfen, sondern mit dem Stempel A für ausgemustert bzw. einem Vermerk des Kammerdieners versehen, gesondert aufbewahrt und um Weihnachten in einer großen Auktion versteigert. Dies galt für Socken und Hemden ebenso wie für Bürsten, Kämme, Seifenreste oder gar alte Zahnbürsten des Kaisers. Der Erlös ging an die Hofbediensteten – das Gerücht, dass sich Ketterl damit einen lukrativen Nebenerwerb geschaffen habe, entspricht demnach nicht den Tatsachen. Die Kaiserhausautkionen finden übrigens bis heute statt, bis heute werden alljährlich im Wiener Auktionshaus Dorotheum Memorabilia des Kaiserhauses versteigert.

»... und die Leberknödel hüpften in artigen Sprüngen über den Teppich ...«

Eugen Ketterl in seinen Memoiren

Kammerdiener Hornung

Franz Joseph war, vor allem im Vergleich zu seiner Frau, ein ausgesprochen unkomplizierter, bescheidener und anspruchsloser Monarch. Er war so sehr daran gewöhnt, eingespielte Traditionen zu wahren, dass er, so scheint es, gar nicht auf die Idee kam, bestimmte Dinge auch nach seinem Willen geschehen zu lassen. Franz Joseph wünschte sich etwa niemals eine besondere Speise, wenn er gerade Lust darauf hatte. Er kam auch nie auf die Idee, wenn er zwischen den festgesetzten Mahlzeiten einmal Hunger hatte, sich etwas zu Essen bringen zu lassen, sondern blieb lieber hungrig. Er war der Ansicht, dass die Küche und vor allem der Koch für ein solches Begehren nicht vorbereitet wären, und er wollte nichts durcheinander bringen. Wenn man den Erinnerungen seines treuen Kammerdieners folgt, scheint Franz Joseph nicht so langweilig und pedantisch gewesen zu sein wie zumeist dargestellt. Im Gegenteil, er vermittelt uns das Bild eines gütigen, sympathischen und vor allem menschlichen Kaisers. So passierte dem schon betagten Kammerdiener Hornung eines Tages ein Missgeschick, das Ketterl folgendermaßen schilderte. »Der alte Hornung, der auf mich furchtbar eifersüchtig war, wollte es sich immer noch nicht nehmen lassen, Seiner Majestät das Tablett mit dem Mittagessen zu servieren. Zittrig und in sich ergrimmt, wie er war, stolperte der achtzigjährige Mann, in seinem Übereifer, die Suppenterrine bekam das Übergewicht, die Suppe ergoß sich auf den Boden und die Leberknödel hüpften in artigen Sprüngen über den Teppich. Durch die Türe hörte ich den tief erschrockenen Hornung stammeln: ›Bitte tausendmal um Vergebung, leg' mich Euer Majestät zu Füßen ...‹ – ›Nur das nicht auch noch‹, wehrte der Kaiser wohlwollend grollend ab, ›zu meinen Füßen liegen ja schon die Leberknödel.‹«

Die Reisetoilettegarnitur des Kaisers.

»überall blaue Flecken«

Kammerdiener Ketterl über den Waschtisch Kaiser Franz Josephs

Die Badezeremonie

Ähnlich sympathisch und humorvoll erwies sich Franz Joseph bei einer Begebenheit, die mit der erstaunlichen Tatsache verbunden ist, dass der Kaiser über kein eigenes Badezimmer verfügte. Wie bereits berichtet, lehnte Franz Joseph jeglichen persönlichen Luxus strikt ab. Dass er sogar auf die Annehmlichkeit eines Badezimmers verzichtete, zeugt von seiner absoluten Anspruchslosigkeit sowie seinem betont spartanischen Lebensstil, den er allerdings niemandem in der Familie aufzwang. So berichtete Ketterl, dass der Waschtisch des Kaisers, ein hölzernes, aufklappbares Möbelstück mit viel zu geringem Fassungsraum, so primitiv war, dass sich Franz Joseph an dessen Ecken und Kanten überall blaue Flecken holte. Wie immer weigerte sich der Kaiser, einen neuen anschaffen zu lassen und nur mit einer List gelang es Ketterl, ihn zu einem Wechsel zu bewegen: Er behauptete, er habe in einem entlegenen Raum des Schlosses Schönbrunn einen schönen englischen Waschtisch entdeckt, der perfekt passen würde. Franz Joseph stimmte dem Austausch zu, Ketterl bestellte bei Wahliß einen schönen offenen Waschtisch und der Kaiser von Österreich hatte endlich einen ordentlichen Waschtisch.

Der kaiserliche Badewaschler

Sein tägliches morgendliches Bad nahm der Kaiser in einer Kautschukbadewanne. Ein eigener Badediener war dem Kaiser dabei behilflich, allerdings kam es auf Grund der ungewöhnlichen Dienstzeiten mitunter zu Schwierigkeiten mit den Badedienern. Ketterl schildert dazu folgende köstliche Szene: Schon abends vorher war der Badeteppich im Schlafzimmer aufgebreitet worden, und nun traten das »Tub« und der »Badewaschler« in Aktion. »Mit diesem Badediener hatten wir immer unsere liebe Not. Dieser Mann, der von der Vorsehung dazu ausersehen war, mit dem Kaiser von Österreich in intimsten persönlichen Verkehr zu treten, hielt sich auch dazu berechtigt, zwar nicht den Thron zu stützen, wohl aber sich selbst von dem Träger der Krone stützen zu lassen. Dies kam so: Um 3 Uhr früh aufstehen ist namentlich im Winter kein besonderes Vergnügen und nicht jedermanns Sache. ›Wenn einen nun diese nachtschlafende Stunde schon zur Pflicht ruft‹, so dachte dieser wackere Mann, ›gibt es nur ein Mittel, um über die Schwierigkeiten des Frühaufstehens hinwegzukommen: nämlich nicht schlafen zu gehen.‹ Gedacht, getan. Unser ›Badewaschel‹ wurde also ein ständiger trinkfester Gast im benachbarten Vierstöcklkeller. Um nicht einzuschlafen, trank er und seine Methode bewirkte wohl, daß er zwar nicht einschlief, dafür aber mit dem seelischen und körperlichen Gleichgewicht in Konflikt geriet. So vergaß er denn auch in diesem Zustand die schuldige Ehrfurcht vor dem Monarchen und erschien einige Mal in aller Früh in nicht gerade audienzfähigem Zustand vor des Kaisers Gummiwanne. Der ungewohnte Anblick des immerhin originellen Untertanen belustigte anfangs den Monarchen, wenn sich der Mann in einer selbst sehr hilfsbedürftigen Verfassung an seine Dienstleistung heranmachte, und der Kaiser meinte nur, daß man doch einige Zeitlang auf ihn aufpassen möge, da er wahrscheinlich ›nichts vertrage‹. Als jedoch ein drittes Mal die mangelnde Standfestigkeit des Badewaschels dazu führte, daß er sich so kräftig an die Arme seiner Majestät anklammerte, daß im nächsten Augenblick die ohnehin kleine Badegelegenheit beinahe zwei Insassen gehabt hätte, war es mit der Dienstleistung dieses Mannes zu Ende. Seine Majestät ließ aber in seiner Güte nicht zu, daß er davongejagt wurde, und verlangte nur, daß ihm eine andere Aufgabe zuteil werde, die ihm den Vorwand nehme, sich nächtlich bis 3 Uhr früh im ›Vierstöckl‹ wach halten zu müssen.«

»Ketterl, Ketterl, da will einer reden, schau'n S', wer das ist!«

Aus den Erinnerungen Eugen Ketterls

Als Nächstes nahm sich Ketterl des, wie er meinte, unhaltbaren Zustands der fehlenden Klosetts des Kaisers an. Während Kaiserin Elisabeth ab 1876 über ein eigenes modernes Badezimmer sowie spätestens ab 1885 über eine Toilette mit Wasserklosett verfügte, musste der Kaiser sowohl in der Hofburg als auch in Schönbrunn durch drei Zimmer gehen, um zu seinem Leibstuhl zu gelangen. Zunächst ließ Ketterl den Leibstuhl zwischen die Schlafzimmerdoppeltüren stellen, später wurde in Schönbrunn ebendort ein Klosett mit Wasserspülung eingebaut, in der Hofburg ließ er sogar von seinem Dienstzimmer einen Bereich abtrennen und schuf somit einen eigenen Raum für die Toilette des Kaisers. In ebendiesem Raum wurde auch das kaiserliche Telefon ⓘ installiert.

Ketterl berichtete von folgender »ergötzlicher« Szene: »Der Kaiser weilte gerade in dem abgetrennten Raum, als das Telephon läutete. ›Was wird er jetzt machen?‹ dachte ich mir vor der Tür. ›Warten‹ rief seine Majestät. Es läutete abermals. ›Warten!‹ donnerte der Kaiser, es schien fast, als meinte er, daß der Anrufende die Worte am anderen Ende des Drahtes hören müsse. Aber das rücksichtslose Telephon läutete ein drittes Mal, und verzweifelt rief nun der Kaiser: ›Ketterl, Ketterl, da will einer reden, schau'n S', wer das ist!‹« Es war nur der Kutscher, der nachfragen wollte, ob der Kaiser im offenen oder geschlossenen Wagen ausfahren wolle, da das Wetter unsicher sei …

»Rasch, er soll kommen wie er ist«

Kaiser Franz Joseph

Das Telefon am »stillen Örtchen«

Dass der Kaiser kein Freund technischer Neuerungen war, ist bekannt. Dies galt auch für die Erfindung des Telefons. Franz Joseph verbat sich entschieden, einen Apparat auf seinem Schreibtisch aufzustellen. Schließlich ließ er sich dazu überreden, in seinem Appartement ein Telefon installieren zu lassen. Anlass war die Hochzeit der Kronprinzessin Stephanie mit Graf Elmer Lonyay im Jahr 1900, die in Miramare stattfand, zu der der Kaiser telefonisch gratulieren sollte. Unglaublicherweise fand sich kein geeigneterer Platz als der vom Dienstzimmer des Kammerdieners abgetrennte Raum, in dem sich das Klosett des Kaisers befand!

Franz Joseph war, was den Umgang mit dem Personal betraf, generell ein unkomplizierter Monarch. So verlangte er vom Kammerpersonal keine Förmlichkeiten, wenn sie ihrer Arbeit nachgingen. Wenn er frühmorgens durch sein Appartement ging, während gerade die Zimmer aufgeräumt wurden, nahmen die Bediensteten von seiner Anwesenheit nicht die geringste Notiz. Der Kaiser wurde dann weder gegrüßt noch die Arbeit einen Moment unterbrochen. Unrichtig ist auch, Franz Joseph sei sehr empfindlich gewesen, wenn jemand nicht im Frack vor ihm erschien. Dies galt nur für die Minister bei den Ministerconseils, sein Leibarzt Hofrat Kerzl trug bei der morgendlichen Visite ein Jackett oder einen Gehrock, und auch andere Personen, die in den frühen Morgenstunden zum Kaiser gerufen wurden, wussten, dass er der frühen Stunde Rechnung zollte. Sie machten sich sogar einen Spaß daraus, den Befehl »Rasch, er soll kommen wie er ist« möglichst wörtlich zu befolgen. So geschah es oft, dass die diensthabenden Sektionsräte und Hofsekretäre der Militär- und Kabinettskanzlei am frühen Morgen sich nur im Nachthemd, über das sie malerisch den Mantel drapiert hatten, beim Kaiser meldeten, oder, wenn ihre Morgentoilette bereits fortgeschrittener war, zumindest mit rückwärts herunterbaumelndem Schlips vor ihm erschienen.

Der Kaiser als Privatmann

4

»Der Kaiser gestattet sich so selten einen kleinen Urlaub, bieten wir alles auf, ihm diese paar Tage recht angenehm zu gestalten.«

Kaiserin Elisabeth

Unbeschwerte Tage an der Côte d'Azur

Franz Joseph war nur selten Privatmann. Der gesamte Tag war den Regierungsgeschäften gewidmet, und selbst wenn er sich pro Jahr ein paar Tage Urlaub gönnte, hörte er nicht auf zu arbeiten. Er war so sehr daran gewöhnt, dass er sich den Tag offenbar gar nicht anders vorstellen konnte. Zu den wenigen privaten Reisen, die er sich gönnte, zählten die Tage an der französischen Riviera, die er in den 90er Jahren gemeinsam mit Kaiserin Elisabeth verbrachte. Der »Urlaub« begann damit, dass sich Franz Joseph einen Berg Akten in den Zug mitnahm und während der Reise arbeitete, ein mitgereister Adjutant brachte dann die erledigten Akten wieder nach Wien zurück und holte neue, was dem Kaiser zumindest einige freie Tage bescherte.

Franz Joseph und Elisabeth freuten sich beide auf diese ganz privaten Tage an der Côte d'Azur. Die Kaiserin reiste immer schon einige Tage vorher an, um alles für Franz Joseph vorzubereiten. Sie suchte neue schöne Spazierwege, organisierte Ausflüge und gemütliche Abende, die sie ausnahmsweise ganz allein verbrachten. Elisabeths Begleiterin Irma Sztáray schrieb über die Vorbereitungen der Kaiserin: »Wenn wir auf unseren Spaziergängen Schönes sahen, hieß es gleich: ›Das zeigen wir dem Kaiser.‹ Aßen wir etwas Gutes: ›Notieren Sie das, es wird dem Kaiser schmecken.‹« Der Gedanke an ihn drängte in ihrer Seele in diesen Stunden freudi-

Das Kaiserpaar bei einem Ausflug während des Aufenthalts in Territet 1893 Zeichnung von Wilhelm Gause.

Kaiser Franz Joseph und Kaiserin Elisabeth während eines Aufenthalts auf Cap Martin in Mentone.

Elisabeth bei der Abreise. Gedenkpostkarte, 1898.

Elisabeth im Morgenlicht.
Kopie von E. Riegele nach dem Original von
Franz Xaver Winterhalter, 1864.

Briefe an die Kaiserin

In der Zeit, in der Elisabeth auf Reisen war, schrieben Franz Joseph und sie sich beinahe täglich. Es handelt sich dabei durchaus nicht, wie manchmal behauptet, um oberflächliche Pflichtbriefe, sie schilderten detailliert ihre Tage, Begebenheiten und Gedanken. Elisabeth berichtete von ihren Reisen, Franz Joseph erzählte von den Kindern, seinem Alltag und drückte in allen Briefen seine Sehnsucht nach ihr aus. Franz Josephs Briefe begannen immer mit »Meine liebste Engels-Sisi«, »Mein lieber Engel« oder »Heißgeliebte Sisi« und endeten mit »Dein Dich innigst liebendes (oder einsames) Männeken«, später nur noch mit »Dein Kleiner«. 1866 schrieb er: »Mein lieber Engel! Jetzt bin ich wieder mit meinem vielen Kummer allein und sehne mich nach Dir. Komme bald wieder, mich zu besuchen, das heißt, wenn es Deine Kräfte und Deine Gesundheit erlauben, denn wenn Du auch recht bös und sekkant warst, so habe ich Dich doch so unendlich lieb, daß ich ohne Dich nicht sein kann ...«

»Mein lieber Engel! Jetzt bin ich wieder mit meinem vielen Kummer allein und sehne mich nach Dir.«

Kaiser Franz Joseph an Kaiserin Elisabeth

ger Erwartung alles in den Hintergrund. »Der Kaiser gestattet sich so selten einen kleinen Urlaub, bieten wir alles auf, ihm diese paar Tage recht angenehm zu gestalten.« Nach diesen harmonischen Tagen lebte jeder wieder sein Leben.

Franz Joseph liebte seine Frau sein Leben lang über alles und erfüllte ihr jeden Wunsch. Nur mit seiner Unterstützung – auch in finanzieller Hinsicht! – konnte sie ihr unabhängiges Leben führen und ihre kostspieligen Reisen und Refugien finanzieren, die Unsummen verschlangen. Elisabeth schätzte und achtete Franz Joseph und wurde nach dem Tod der Erzherzogin Sophie im Mai 1872 sogar seine Vertraute, mit der er auch politische Belange besprach – leider zu spät. Das Paar sah sich öfter als meist dargestellt, auch in den späten Jahren, als Elisabeth viel reiste, trafen sie sich regelmäßig – einige Wochen im Frühling in der Hermesvilla in Wien, meist gemeinsam mit den Töchtern, im Sommer in Ischl, im Herbst einige Tage in Ungarn.

Franz Joseph schmerzten die Trennungen auch nach vielen Jahren. Im Jahr 1897 schrieb er nach einem dieser kurzen gemeinsamen Treffen: »Édes szeretett lelkem, [meine süße geliebte Seele] Nach so unendlich kurzem Zusammensein, sind wir wieder auf den schriftlichen Verkehr beschränkt. Das ist sehr traurig, lässt sich aber leider nicht ändern. Die neuerliche Trennung von Dir geht mir sehr nahe ...«

8

Der Jäger

Das einzige Vergnügen, das sich Franz Joseph als Privatmann leistete, war die Jagd.

Er liebte es auf die Pirsch zu gehen, die Natur zu genießen, Ruhe und Abwechslung vom eintönigen Alltagsleben bei Hof zu finden. Franz Joseph war aber kein Trophäensammler, sondern ein echter Waidmann. Er verabscheute auch die, wie er es nannte, Massenschießerei seines Neffen und späteren Thronfolgers Franz Ferdinand. Bis ins hohe Alter bewältigte er den oft bis zu eineinhalb Stunden dauernden Anstieg zu hoch gelegenen Ständen, wobei er auch immer sein Gewehr selbst trug. Franz Joseph trug auf der Jagd stets die Tracht eines steirischen Hochwildjägers, bestehend aus grauer Lodenjoppe mit grünem Stehkragen, Umhängschnur und grüner Weste, Gamslederhose, graue Wollstrümpfe, einen grauen Filzhut mit Gamsbart oder Birkhahnstoß sowie derbe, genagelte Schuhe (Goiserer), die nicht alt genug sein konnten. Und je älter und speckiger die »Gamslederne« war, desto besser. Wenn der Kaiser auf die Pirsch ging, fehlte auch niemals der lange Jagd- oder Bergstock. Wichtig war dem Kaiser vor allem, dass, wie es sich für einen echten Waidmann gehörte, bei jedem Wetter die Knie frei, und nicht etwa bei Kälte durch lange Unterhosen geschützt waren.

Schicksalschläge

Franz Joseph musste im Laufe seines langen Lebens etliche Schicksalsschläge verkraften. Ein traumatisches Erlebnis war mit Sicherheit der frühe Tod seiner geliebten ersten Tochter Sophie, in die er ganz vernarrt war. Als sie erkrankte, blieb er mit Elisabeth an ihrem Bett, und nachdem sie elf Stunden verzweifelt dem Sterben ihres Kindes zugeschaut hatten, telegrafierte er aus Budapest an seine Mutter: »Unsere Kleine ist ein Engel im Himmel. Nach langem Kampfe ist sie zuletzt ruhig um 1/2 10 Uhr verschieden. Wir sind vernichtet.« Franz Joseph hatte zeit seines Lebens ein kleines Portrait seiner Tochter auf seinem Schreibtisch stehen, und wenn er auch nie davon sprach, so vergaß er diesen schmerzlichen Verlust doch niemals. Marie Valerie notierte kurz nach Elisabeths Tod im September 1898 in ihrem Tagebuch: »... Erinnerungen tauchen auf – längst vergangenes Weh – auch an das ›baby‹, das ihr vor mehr als 40 Jahren vorangegangen, nach denen Papa jetzt fragt, die er aufbewahrt wissen und doch nicht sehen will. Ich glaube, es war das erste Mal, dass ich ihn vom ›baby‹ sprechen hörte ...«

Kaiser Franz Joseph.
Photographie, um 1914.

»Wir sind vernichtet.«

Kaiser Franz Joseph
in einem Brief an seine Mutter

Erzherzog Ferdinand Maximilian, der um zwei Jahre jüngere Bruder von Kaiser Franz Joseph. Photographie von G. Malovich, Triest, 1864.

Kaiser Max von Mexiko

Der nächste harte Schlag für Franz Joseph war die Hinrichtung seines jüngeren Bruders Max. Der begabte, phantasievollere und beliebteste der Brüder war von klein auf naturwissenschaftlich interessiert, liebte fremde Länder und Erkundungsreisen. Da eine wissenschaftliche Laufbahn für einen Erzherzog ausgeschlossen war, wurde er schließlich zum Konteradmiral der österreichischen Marine ausgebildet und war von 1857 bis 1859 Generalgouverneur des lombardo-venezianischen Königreiches. Als Zweitgeborener hatte er aber innerhalb der österreichischen Monarchie keine Möglichkeit, seinen Ehrgeiz zu befriedigen. Mit Unterstützung der Vereinigten Staaten von Amerika und nicht zuletzt bedrängt von seiner ehrgeizigen Gemahlin Charlotte von Belgien nahm er 1864 das Angebot Napoleons III. an, Kaiser von Mexiko zu werden. Das Paar reiste nach Mexiko und nahm die Krone trotz der schwierigen politischen Situation und der Warnungen der österreichischen Berater an. Kurz darauf zogen sowohl Frankreich als auch die USA ihre Unterstützung zurück und Maximilian war praktisch chancenlos, der Unruhen im Land Herr zu werden. Revolutionäre unter dem Befehl des mexikanischen Rechtsanwaltes indianischer Abstammung Benito Juarez belagerten ihn zunächst in der Festung Querétaro und nahmen ihn schließlich gefangen. Die ihm angebotene Flucht lehnte er ab. Er wurde vom Kriegsgericht zum Tode verurteilt und am 19. Juni 1867 als Symbol für den Sieg der mexikanischen Unabhängigkeitsbewegung über die Interessen des europäischen Imperialismus' erschossen.

Die Hinrichtung Kaiser Maximilians von Mexiko am 19. Juni 1867. Gemälde von Edouard Manet, 1867.

»Sie wissen nicht, wie ich diese Frau geliebt habe …«

Kaiser Franz Joseph über Kaiserin Elisabeth

Tod der Kaiserin

Nur neun Jahre nach dem tragischen Selbstmord seines Sohnes ereilte Franz Joseph eine weitere Tragödie. Elisabeth hatte sich im September 1898 für einige Wochen in der Schweiz aufgehalten. Am 10. September wurde sie in Genf auf dem Weg vom Hotel zur Schiffsanlegestelle vom italienischen Anarchisten Luigi Lucheni mit einer spitz zugeschliffenen Dreikantfeile erstochen. Niemand – selbst Elisabeth nicht – hatte zunächst die tödliche Verletzung bemerkt. Lucheni hatte die Kaiserin mitten ins Herz getroffen, sie verblutete langsam nach innen. Elisabeth ging noch an Bord, doch kurz nachdem sie das Schiff betreten hatte, wurde sie ohnmächtig. Als ihre Begleiterin Irma Sztáray das Oberteil des Kleides öffnete, entdeckte sie die winzige Stichwunde, die nicht blutete. Erst jetzt erkannte sie, dass Elisabeth tödlich verwundet worden war. Das Schiff kehrte sofort um und die sterbende Kaiserin wurde in ihr Hotelzimmer zurückgebracht, wo die Ärzte um 14.40 Uhr nur noch ihren Tod feststellen konnten.

Als Franz Joseph die Nachricht erhielt, sagte er zu seinem Generaladjutanten Graf Paar »Sie wissen nicht, wie ich diese Frau geliebt habe.« Elisabeths Tod erschütterte ihn zutiefst und er zeigte zum ersten Mal seit Jahrzehnten offen seine Trauer.
Als Gräfin Sztáray nach ihrer Rückkehr aus Genf den Kaiser bei der Aufbahrung in der Burgkapelle traf, bat er sie, am nächsten Tag zu ihm nach Schönbrunn zu kommen, da er unbedingt mit dem Menschen, der die letzten Stunden mit der Kaiserin verbracht hatte, sprechen wollte. Irma Sztáray schrieb über ihre letzte Audienz beim Kaiser, bei der er das erste Mal seine Emotionen nicht mehr verbergen konnte: »Herzergreifend war diese meine traurige Audienz. Als ich ihm die silberne Uhr samt den kleinen Berloques der Kaiserin übergab und die Medaille der heiligen Jungfrau, die sie in ihrer Todesstunde am Herzen getragen, durchwogte ein großer Sturm die Seele des Kaisers. Schwere Tränen rollten über seine Wangen herab, während ich alle Einzelheiten der furchtbaren Katastrophe erzählte …«

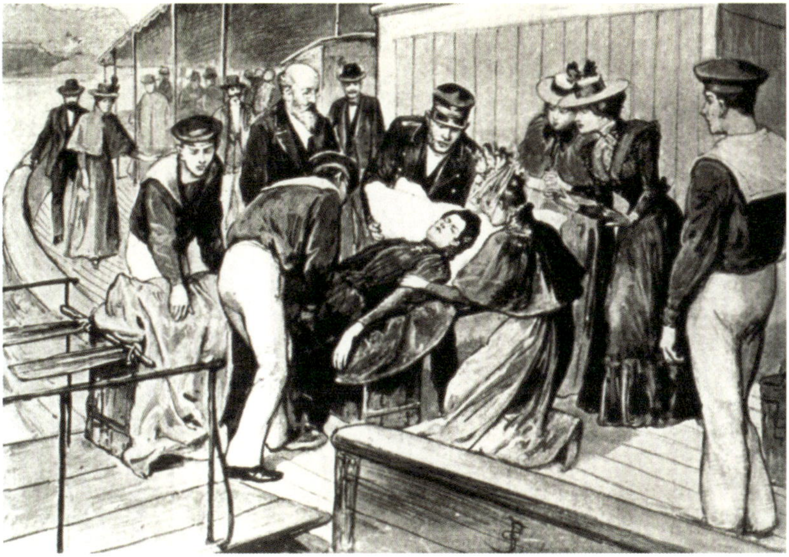

Die sterbende Kaiserin wird von Bord getragen. Zeitungsxylographie, 1898.

Die letzte Photographie Kaiserin Elisabeths (mit Gräfin Sztáray) vor ihrem Tod, aufgenommen am 3. September 1898 in Territet.

Audienz der Gräfin Sztáray bei Kaiser Franz Joseph nach dem Tod der Kaiserin. Xylographie für Das interessante Blatt vom 20. September 1898.

9

Die »Freundin«

Katharina Schratt

Die 1853 geborene Katharina Schratt, eine Kaufmannstochter aus Baden bei Wien,

begann ihre Karriere am Wiener Stadttheater, nahm dann Engagements in Berlin, St. Petersburg und Amerika an, bevor sie wieder nach Wien zurückkehrte. 1879 heiratete sie den ungarischen Baron Nikolaus Kiss von Ittebe, bekam einen Sohn, Toni, trennte sich jedoch schon bald von ihrem Mann, ohne sich von ihm scheiden zu lassen, und begann wieder als Schauspielerin zu arbeiten. 1883 wurde sie zur Hofschauspielerin am Burgtheater ernannt, wo sie bald auch dem Kaiser auffiel. Die Beziehung der beiden dauerte 30 Jahre lang, nach dem Tod des Kaisers zog sich die Schauspielerin aus der Öffentlichkeit zurück und lebte in ihrer Villa in Hietzing sowie ihrem Palais am Opernring. Katharina Schratt, die Zeit ihres Lebens trotz vieler Angebote niemals über ihre Beziehung mit dem Kaiser sprach, starb 1940 im Alter von 86 Jahren und wurde auf dem Hietzinger Friedhof hinter dem Schönbrunner Schlosspark bestattet.

Die »Freundin«

Elisabeth selbst stellte die gefeierte Burgschauspielerin Katharina Schratt ihrem Mann vor und förderte ihre Beziehung. Der Kaiserin war das Interesse ihres Mannes an Katharina Schratt nicht entgangen und sie erkannte ihre Chance, damit ihre Unabhängigkeit vom Wiener Hof – und ihrem Ehemann – zu festigen. Sie arrangierte das erste Treffen der beiden und erreichte geschickt, dass Katharina Schratt ganz unverdächtig als ihre Freundin bei Hof eingeführt wurde. So besuchte Frau Schratt meist die Vorleserin der Kaiserin Ida Ferenczy in ihrer Dienstwohnung in der Hofburg, wobei zufällig auch der Kaiser dazukam. Elisabeth wusste Franz Joseph bei der fröhlichen und herzlichen Schauspielerin in guten Händen und hatte sich damit ein weiteres Stück Unabhängigkeit gesichert. Katharina Schratt war mit ihrer humorvollen und gemütlichen Art sowohl bei Hof als auch in der Familie bald als »die Freundin« akzeptiert und anerkannt. Sie verbrachte auch immer wieder Zeit mit dem Kaiserpaar und war oft zu Familiendiners eingeladen. Vor allem der tragische Tod des Kronprinzen scheint Franz Joseph mit Katharina Schratt eng verbunden zu haben. Franz Joseph suchte vor allem bei ihr Trost und schrieb am 5. Februar 1889: »Heute nur wenige Zeilen ... um Ihnen zu sagen, daß ich in meinem unsagbaren Schmerze, viel und mit den Gefühlen innigsten Dankes an Sie denke. Ihre treue Freundschaft und Ihre wohltuende, ruhige Theilnahme waren uns ein großer Trost in diesen letzten entsetzlichen Tagen ...« Und ein Jahr danach: »... könnte ich nur auch so schön schreiben und meinen Gefühlen den rechten Ausdruck geben, so aber kann ich meinen innigsten Dank nur in die Worte kleiden, die auch nur eine Wiederholung sind: daß ich Sie unendlich, ganz

Kaiser Franz Joseph.
Photographie, um 1910.
Katharina Schratt.
Photographie, 1880.

»... könnte ich nur auch so schön schreiben und meinen Gefühlen den rechten Ausdruck geben, so aber kann ich meinen innigsten Dank nur in die Worte kleiden ... daß ich Sie unendlich, ganz entsetzlich lieb habe.«

Kaiser Franz Joseph in einem Brief an Katharina Schratt

entsetzlich lieb habe. Wie kann ich Ihnen genug danken für die Güte und den Trost in dem traurigen Jahre, das nun zu Ende ist. Die schweren Augenblicke, die Sie mit uns durchlebt haben sind ein unauflösliches Band fürs Leben und so lassen Sie mir der Zuversicht Ausdruck geben, daß unsere Freundschaft eine treue und feste bleiben wird.«

Franz Joseph wurde es bald zur lieben Gewohnheit, um sieben Uhr früh mit der »Gnädigen Frau« in ihrer Villa in der Hietzinger Gloriettegasse nahe des Schönbrunner Schlossparks ein zweites Frühstück einzunehmen. Katharina Schratt hatte immer einen frischen Gugelhupf und unterhaltsame Geschichten für den Kaiser parat. Oft gingen sie auch zu Mittag gemeinsam im Schlosspark spazieren. Für die Sommeraufenthalte des Kaisers in Ischl mietete Katharina Schratt die Villa Felicitas, die in unmittelbarer Nähe zur Kaiservilla lag. Auch hier bewirtete sie den Kaiser mit seinen Lieblingsspeisen, manchmal waren bei den Treffen auch prominente Gäste wie Alexander Girardi oder andere Schauspieler- und Künstlerkollegen anwesend. Doch sie unterhielt den Kaiser nicht nur, sondern kümmert sich auch um ihn. Da er ja Gegenstände, die sein Leben erleichtern konnten, meist als überflüssig ablehnte, schenkte sie ihm immer wieder nützliche Dinge. Dazu gehörte ein Ventilator, der heiße stickige Tage im Arbeitszimmer erträglicher machte, ebenso wie ein Teppich vor dem Bett des Kaisers. In ihrer ungezwungenen offenen Korrespondenz machte sich Franz Joseph oft über ihren Hang zu außergewöhnlichen Kurmethoden, in denen sie offenbar Elisabeth nacheiferte, lustig. Als er erfuhr, dass Katharina Schratt in Karlsbad eine Abmagerungskur mit Heublumenbädern machte, schrieb er: »Bis jetzt hatte ich nur von den Heubädern in Tirol gewusst, wo die Bauern sich im paradisischen Costüme in einen Heuschober vergraben ... vielleicht bringt Sie Ihre Passion für Experimental Medizin dazu, auch diese ländliche Kur einmal zu versuchen. Die Wiese bei der Felicitas würde sich dazu eignen. Übrigens kann ich, wie bei der Kaiserin, auch bei Ihnen nur meine freudige Bewunderung über die kräftige Natur aussprechen, die all diese Bäder, Wässer, Trankln, Pulver, kalte und warme Behandlungen aushält.« Franz Joseph zeigte sich Katharina Schratt gegenüber äußerst großzügig. Neben einer monatlichen Apanage erhielt sie immer wieder kostbare Geschenke – meist Schmuck und Juwelen –, außerdem beglich der Kaiser nicht selten ihre beträchtlichen Spielschulden.

Bis heute wird darüber diskutiert, ob Katharina Schratt Freundin oder Geliebte Kaiser Franz Josephs war, der vor ihrer Bekanntschaft einige Geliebte gehabt hatte. In ihrer Korrespondenz, die in dieser Hinsicht allerdings keine optimale Quelle darstellt, ist kein eindeutiger Hinweis darauf zu finden, ob ihre Freundschaft mehr als nur platonisch war. In den Briefen ist zwar von Küssen die Rede, die als kleine Striche angedeutet sind. Zitate, dass der Kaiser hoffe, sie »wiedereinmal im Bette zu finden«, sind kein Beweis für eine intime Beziehung, da sie aus dem Zusammenhang gerissen sind, und die damals so genannte »stille Woche« (Menstruation) betreffen, die Katharina Schratt meist im Bett verbrachte. Sie empfing jedoch manchmal auch in diesen Tagen, im eleganten Negligé im Bette liegend, Besuche, und Franz Joseph fand diese Stunden besonders gemütlich und vertraulich. Katharina Schratt wurde zwar nicht im Testament Franz Josephs bedacht. Kürzlich entdeckte Verfügungen des Kaisers, wonach Katharina Schratt 2,5 Millionen Kronen – umgerechnet ca. 11 Millionen Euro – zusätzlich zu ihrer kostbaren Schmucksammlung und einem Ringstraßenpalais erhielt, sprechen jedoch eine deutliche Sprache – und sind bei einer reinen Freundschaft kaum vorstellbar.

Franz Joseph mit seinen Enkelkindern. Photographie, um 1895.

»Das Kaiserpaar als glückliche Großeltern.« Kaiser Franz Joseph, neben ihm Kaiserin Elisabeth sowie Erzherzogin Marie Valerie und ihr Mann Franz Salvator. Lithographie, um 1895.

Franz Joseph bei der Osterbescherung mit seinen sieben Enkelkindern. Im Hintergrund Marie Valerie und Franz Salvator. Lithographie, um 1910.

»er rollte sich sogar am Boden ...«

Erzherzogin Marie Valerie
in ihrem Tagebuch über ihren Großvater Kaiser Franz Joseph

Der »Opapa«

Franz Joseph war ein rührender Großvater. Seine Kinder hatten ihn zum vierzehnfachen Großvater gemacht, und die Enkelkinder hatten ein weitaus weniger distanziertes Verhältnis zu ihm als seine Kinder. Er verbrachte vor allem viel Zeit mit den Kindern seiner Tochter Marie Valerie auf Schloss Wallsee in Niederösterreich, feierte mit ihnen Ostern und Weihnachten, kam aber auch gern zwischendurch ein paar Tage und genoss das harmonische und fröhliche Familienleben. Vor allem aber liebte er die Rolle des »Opapas«, wie ihn die Kinder nannten, spielte stundenlang mit ihnen, krabbelte mit ihnen auf dem Boden, spielte Verstecken oder Hoppa-hoppa-Reiter und aß gehorsam in der Puppenküche fabrizierte Phantasiegerichte. Valerie schrieb in ihr Tagebuch: »Die Kinder sind seine größte Freude – er rollte sich sogar am Boden, Ella zulieb.« Valerie war beinahe eifersüchtig, da sie sich immer so einen Vater gewünscht hatte, der er damals aber noch nicht sein konnte. Ihre Kinder hatten keine Scheu oder übergroßen Respekt vor ihrem kaiserlichen Großvater – sie waren ausgelassen, kommandierten ihn herum, und Valerie merkte, dass ihm genau das großen Spaß machte. In ihrem Tagebuch notierte sie: »Es macht mich so traurig und doch vermag ich es nicht zu ändern, dass das Beisammensein mit Papa mir ein Zwang ist wie mit dem fremdesten Menschen. Die Kinder scheinen dies viel weniger zu empfinden und sind mit ihm vertrauter, als ich es jemals war.« Franz Joseph hatte es unter dem Einfluss seiner Mutter verabsäumt, ein inniges Verhältnis zu seinen Kindern aufzubauen. Bei seinen Enkelkindern bemühte er sich nun Versäumtes nachzuholen. Wenn die Enkel zu Besuch in Wien waren, durften sie ihm sogar in seinem Arbeitszimmer beim Arbeiten zusehen bzw. neben ihm spielen. Er verteilte dann Umschläge geöffneter Briefe sowie Buntstifte und hob die fabrizierten Zeichnungen stolz auf. Sobald die Kinder allein essen konnten, durften sie bei ihm im Arbeitszimmer essen. So schweigsam und gedrückt Franz Joseph vor allem nach Elisabeths Tod im Beisein seiner Töchter war, so unbeschwert und fröhlich war er in Gesellschaft der Enkel, die ihm für ein paar Stunden ein spätes »Familienleben« schenkten.

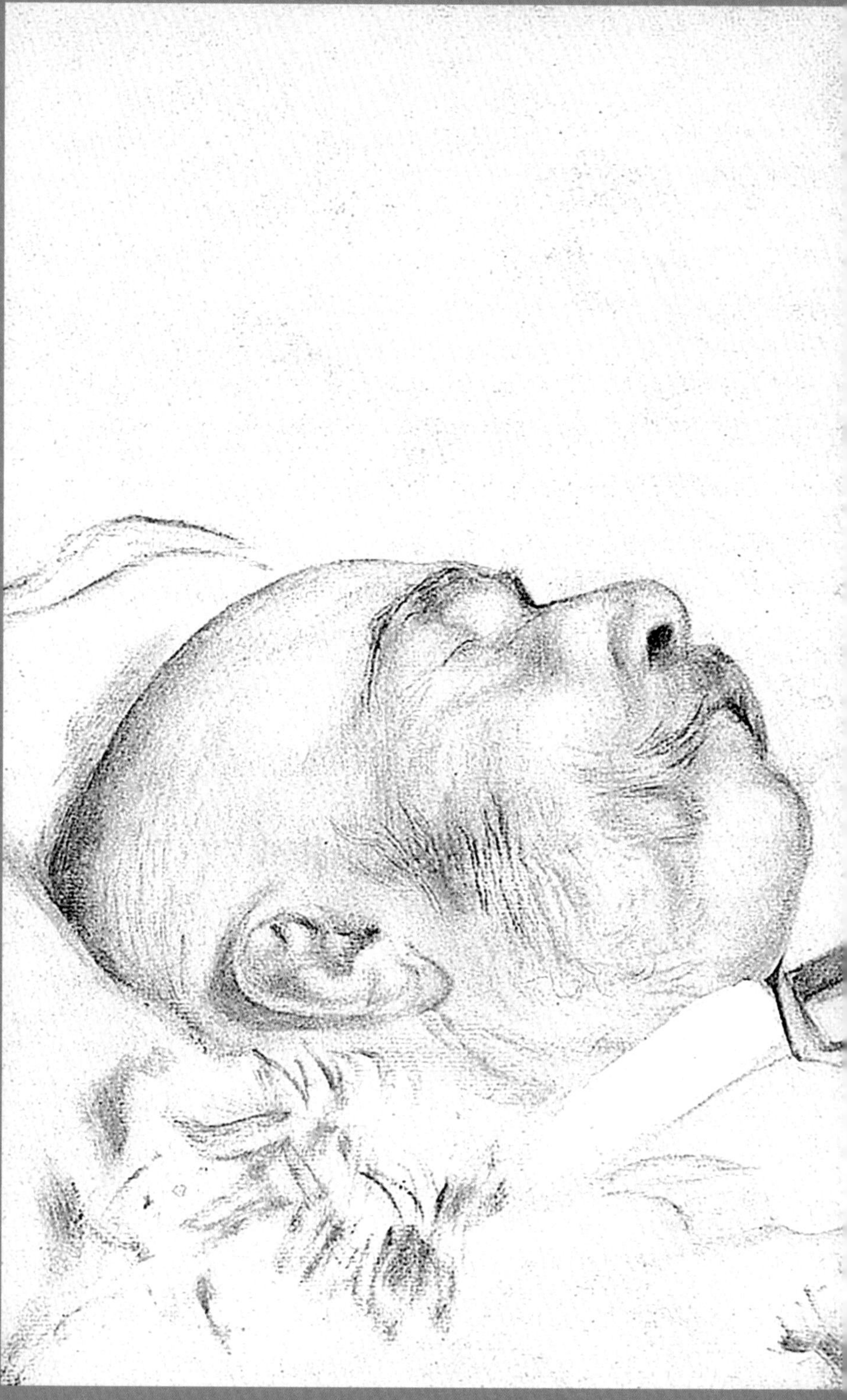

Das Ende einer Epoche

5

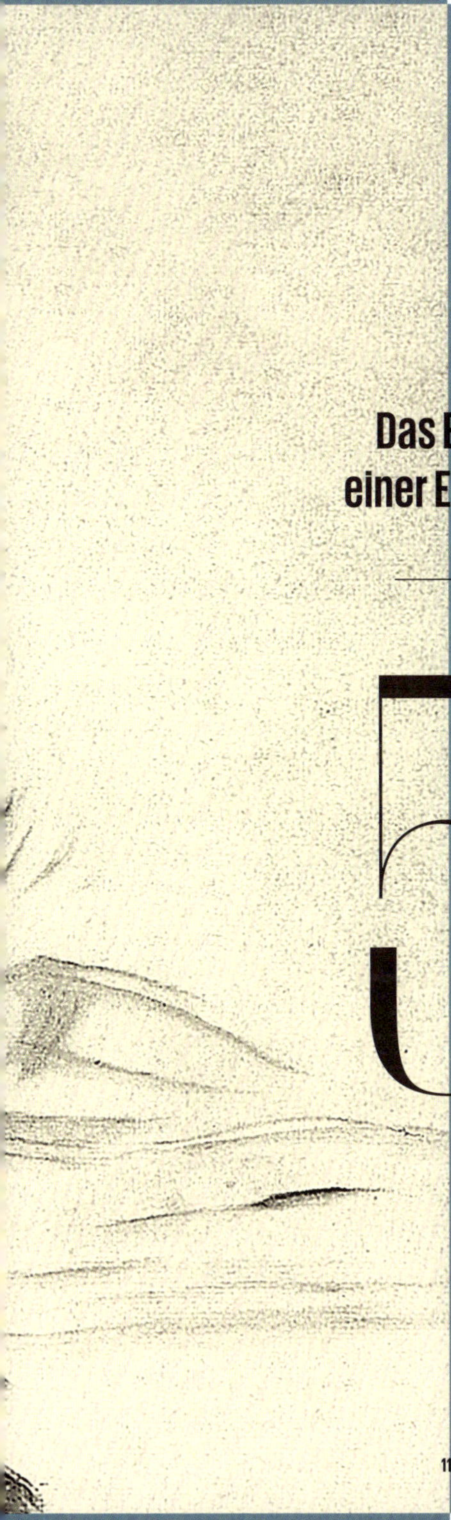

»Die, die den Krieg wollen, wissen absolut nicht, was Krieg ist.«

Kaiser Franz Joseph

Der alte Kaiser

Zu Beginn des 20. Jahrhunderts spitzte sich die politische Situation am Balkan zu. Gleichzeitig zeigte sich das militärische System der Habsburgermonarchie als hoffnungslos veraltet. Franz Joseph war in Militärangelegenheiten immer von den besten Absichten geleitet, aber kein Soldat. Er trug zwar immer Uniform, widmete einen Großteil seines Arbeitstages den militärischen Belangen seines Reiches, verlor sich aber in Details und Bürokratie. Er verpasste nicht nur die Förderung einer zeitgemäßen Entwicklung des Heeres und der Flotte, sondern hemmte sie sogar. Das Fatale an der Situation war, dass er sich mit militärischen Beratern und leitenden Generälen umgeben hatte, die selbst wenig Interesse an Veränderung hatten und wussten, dass der Kaiser nur altbekannte Anschauungen und Grundsätze guthieß. Niemand wollte sich engagieren, ihm neue, mutige Vorschläge oder Anregungen zu unterbreiten. Durch die Zurückhaltung und Bequemlichkeit seiner Berater, die ihm auch Neuerungen anderer Heere vorenthielten respektive verschwiegen, verlor er den Überblick über zeitgemäße Reformen sowie den technischen Fortschritt.

Nach dem tragischen Selbstmord des Kronprinzen wurde Franz Josephs Neffe Erzherzog Franz Ferdinand Thronfolger, zu dem Franz Joseph kein gutes Verhältnis hatte. Franz Ferdinand war erzkonservativ, klerikal und antiungarisch eingestellt. Allein seine Beharrlichkeit, seine große Liebe, Sophie Gräfin Chotek, heiraten zu können, machte den eher unbeliebten Erzherzog in der Öffentlichkeit sympathischer. Sophie Chotek war zwar adelig, aber einem Habsburger nicht ebenbürtig, weshalb Franz Joseph strikt gegen diese Heirat war. Erst nachdem Franz Ferdinand auf alle Thronfolgerechte der Kinder aus dieser morganatischen Ehe verzichtet hatte, wurde Sophie zur Fürstin (und 1909 zur Herzogin) von Hohenberg erhoben, und das Paar konnte im Jahr 1900 heiraten. Politisch setzte sich der Thronfolger gegen die aggressive expansionistische Balkanpolitik des Hofes und für die Friedenserhaltung ein. Zu Unrecht galt er in der Öffentlichkeit als Verfechter einer antiserbischen Politik, womit er den Hass der antihabsburgischen südslawischen Nationalisten auf sich zog. Im Zuge der im Juni 1914 in Bosnien abgehaltenen Manöver, die er gegen alle Warnungen leitete, wurde er gemeinsam mit seiner Gemahlin bei einer Autofahrt durch die bosnische Hauptstadt Sarajewo erschossen.

Die Ermordung des Thronfolgers führte zur Unterzeichnung des Ultimatums, dann der Kriegserklärung an Serbien. Damit führte Franz Joseph sein Reich in ei-

Der Thronfolger, Erzherzog Franz Ferdinand, in Admiralsuniform. Porträt, um 1910.

Franz Ferdinand mit seiner Gattin Sophie und den Kindern Ernst, Sophie und Maximilian. Photographie, um 1914.

Kaiser Franz Joseph und Erzherzog Franz Ferdinand bei den Kaisermanövern von Veszprém. Photographie, 1908.

Gavrilo Prinčip erschießt den Thronfolger und seine Gemahlin in Sarajevo am 28. Juni 1914. Nachträglich kolorierter Zeitungsholzstich von Felix Schwormstädt.

Kaiser Franz Joseph, zwischen den Knien Erzherzog Otto, Sohn des späteren Kaiserpaares Karl I. und Zita. Photographie, 1914.

Kaiser Franz Joseph in Zivil mit Gehrock und Melone, an der Hand den siebenjährigen Erzherzog Carl Franz Joseph, den späteren Kaiser Karl I., im Matrosenanzug in Cannes. Photographie von Erzherzogin Maria Josepha, 1894.

Kaiser Franz Joseph bei der Hochzeit Erzherzog Carl Franz Josephs (später Kaiser Karl I.) mit Prinzessin Zita von Bourbon-Parma in Schloss Schwarzau am Steinfeld, Niedeösterreich (links neben Franz Joseph die Brautmutter Maria Antonia von Parma, im Vordergrund der sechsjährige Prinz Gaetan). Photographie, 21. Oktober 1911.

nen Weltkrieg, der beinahe zehn Millionen Menschen das Leben kosten sollte und letzten Endes den Zusammenbruch seines Reiches verursachte. Franz Joseph wollte diesen Krieg zwar nicht und meinte: »Die, die den Krieg wollen, wissen absolut nicht, was Krieg ist«, seine Berater beharrten jedoch auf einer Kriegserklärung, sie bezeichneten den Krieg als unvermeidbar und appellierten an sein Verantwortungsgefühl als Kaiser. Franz Joseph, der mit einer kurzen militärischen Intervention rechnete und die Konsequenzen völlig falsch einschätzte, fügte sich wie zu Beginn seiner Regentschaft dem scheinbar Unvermeidlichen und besiegelte damit das Ende der Monarchie.

Zu seinem Thronfolger wurde nun sein Großneffe Karl ernannt. Karl war der Sohn Erzherzog Ottos, des jüngeren Bruders Franz Ferdinands. Der »fesche Erzherzog«, wie Otto in Wien genannt wurde, war vor allem durch geschmacklose Eskapaden aufgefallen. Sein Sohn Karl aber war von seiner streng katholischen Mutter erzogen worden, hatte sich bis zu seiner Ernennung aus der Politik herausgehalten und war auch in der Bevölkerung eher unbekannt. 1911 hatte er Zita von Bourbon-Parma geheiratet, das Paar lebte im Schloss Hetzendorf in der Nähe Schönbrunns, und 1912 wurde ihr ältester Sohn Otto geboren. Nach dem Tod Franz Josephs wurde Karl für zwei Jahre letzter österreichischer Kaiser, eine Rolle, die ihn überforderte. Sein Oberbefehl über die kaiserlichen Truppen führte zum lange geleugneten Befehl von Giftgaseinsätzen an der Isonzo-Front in Norditalien. Vor allem aber seine unwahren Erklärungen rund um die geheime Korrespondenz mit seinem Schwager Sixtus von Bourbon-Parma, die so genannte Sixtus-Affaire, bei der Karl geheime Friedensverhandlungen mit Frankreich hinter dem Rücken seiner deutschen Bündnispartner zunächst leugnete, vom französischen Premierminister Clemenceau jedoch schwer kompromittiert wurde, als dieser die Briefe veröffentlichte, belastete Karls schwache Regierung an der Seite seiner ehrgeizigen Frau. Sein Verzicht auf die Regierungsgeschäfte am 11. November 1918 beendete die Monarchie in Österreich. Karl starb 1922 im Exil auf Madeira.

Der Tod des Kaisers

Im November 1913 verkühlte sich Franz Joseph, nachdem er den russischen Großfürsten Nikolai Nikolajewitsch bei kaltem und stürmischem Regenwetter mit einer offenen Kutsche zum Bahnhof begleitet hatte. Als er zurückkam, fühlte er sich matt und schwach und laborierte von da an an einer chronischen Entzündung der Atemwege, die im November 1916 schließlich zu einer Lungenentzündung führte. Franz Joseph war zum ersten Mal in seinem Leben krank. Bis dahin war er immer gesund gewesen, da er, wie er es formulierte, auch nie krank werden wollte und schon gar nicht durfte. Trotz anhaltend hohem Fieber hielt der sechsundachtzigjährige Kaiser eisern an seinem gewohnten Tagesablauf und Arbeitspensum fest. Franz Joseph hatte keine Angst vor dem Tod, sondern davor, dass sein Tod das Ende der Monarchie bedeuten könnte. Am 21. November empfing Franz Joseph am Vormittag wie gewohnt mehrere Besuche und fühlte sich sogar besser als an den Tagen zuvor. Gegen Mittag verschlechterte sich sein Zustand jedoch rapide. Er musste seinen Schreibtisch verlassen und ruhte sich ein paar Stunden in seinem bequemen Lehnstuhl aus, bevor er sich um vier Uhr nochmals Akten bringen ließ und letzte Unterschriften gab. Nun ging es ihm zusehends schlechter, um sechs Uhr ließ er sich zu seinem Betstuhl bringen, wo er länger als gewöhnlich betete, danach ging er zu Bett. Seinem Kammerdiener Ketterl gab er die Anweisung »Ich bin mit meiner Arbeit nicht fertig geworden, morgen um 1/2 4 Uhr wecken Sie mich wie gewöhnlich.« Franz Joseph schlief ein, erwachte aber kurz darauf und verlangte zu trinken, was ihm nur mehr schlecht gelang. Sein Atem wurde immer kürzer, der herbeigeeilte Arzt verabreichte dem Kaiser eine Koffeininjektion, die die Herztätigkeit anregen sollte, die er jedoch kaum mehr bewusst registrierte. Um halb neun Uhr erhielt Franz Joseph im Beisein seiner Familie sowie seiner Adjutanten und des Kammerpersonals die letzte Ölung. Kurz darauf hörte der Kaiser auf zu atmen, und fünf Minuten nach neun Uhr wurde sein Tod festgestellt. Franz Joseph starb mit 86 Jahren nach einer achtundsechzigjährigen Regierungszeit. Er hatte die Monarchie zusammengehalten – sein Tod bedeutete das Ende einer Epoche.

Die Bestattung von Kaiser Franz Joseph:
Der Leichenzug auf dem Stephansplatz.
Photographie, 1916.

10

Der Leichenwagen

Der Tradition entsprechend wurde der Kaiser in einer von acht Rappen gezogenen und von Edelknaben und Laternenträgern geleiteten schwarzen Prunkkutsche zur Familiengruft der Habsburger, der Kapuzinergruft, gebracht. Der Leichenwagen ist heute in der Kaiserlichen Wagenburg in Schönbrunn zu besichtigen.

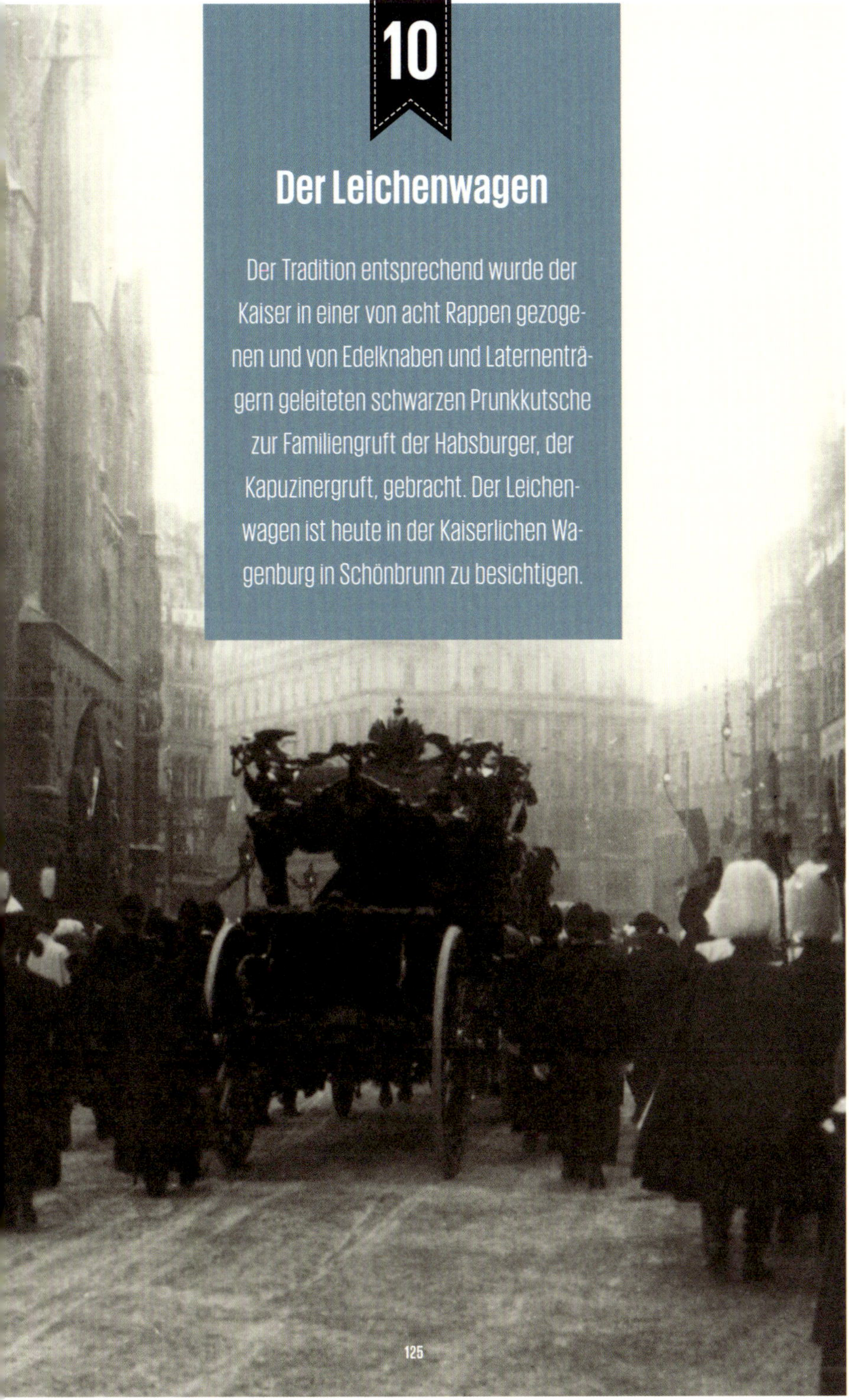

Auswahlbibliografie

Conte Corti, Egon Caesar/Hans Sokol: *Franz Joseph. Im Abendglanz einer Epoche.* Wien, 1990
Ernst, Otto: *Franz Joseph I. in seinen Briefen.* Wien, 1924
Hamann, Brigitte: *Meine liebe gute Freundin. Die Briefe Kaiser Franz Josephs an Katharina Schratt.* Wien, 1992
Holler, Gerd: *Sophie. Die heimliche Kaiserin.* Wien, 1993
Kastner, Richard H.: *Glanz und Glorie. Die Wiener Hofburg unter Kaiser Franz Joseph.* Wien, 2004
Ketterl, Eugen: *Der Alte Kaiser wie nur einer ihn sah.* Wien, 1980
Nostitz-Rieneck, Georg: *Briefe Kaiser Franz Josephs an Kaiserin Elisabeth.* 2 Bd. Wien, 1966
Praschl-Bichler, Gabriele: *Kaiserliche Kindheit. Aus dem aufgefundenen Tagebuch Erzherzog Carl Ludwigs, eines Bruders von Kaiser Franz Joseph.* Wien, 1997
Schad, Martha und Horst: *Marie Valerie. Das Tagebuch der Lieblingstochter von Kaiserin Elisabeth von Österreich.* München, 1998
Schnürer, Franz: *Briefe Kaiser Franz Josephs I. an seine Mutter 1838–1872.* München, 1930
Siegmund, Anna Maria: *Die verschollenen Tagebücher Franz Josephs.* Wien, 1999
Unterreiner, Katrin: *Kronprinz Rudolf.* Wien, 2008
Unterreiner, Katrin: *Die Habsburger, Mythos und Wahrheit.* Wien, 2011
Unterreiner, Katrin: *Kein Kaiser soll uns stören, Katharina Schratt und ihre Männer.* Wien, 2014
Wallersee, Maria Freiin von: *Meine Vergangenheit. Wahrheit über Kaiser Franz Joseph/Schratt, Kaiserin Elisabeth/Andrássy.* O.O., o.J.
Weissensteiner, Friedrich: *Lieber Rudolf. Briefe von Kaiser Franz Joseph und Elisabeth an ihren Sohn.* Wien, 1991

Bildnachweis

Auktionshaus Dorotheum, Wien: 12, 68, 83, 90/91
Bundesmobilienverwaltung: Einband Vorderseite (Marianne Haller), 66/67 (Hofburg Wien, Kaiserappartements / A. Hilscher)
Dorotheum, Auktion 26. April 2006: 7
IMAGNO / Austrian Archives: 10, 25, 37, 39, 46, 47, 49, 52, 55 o., 55 u.l., 58 o.l., u., 64, 70/71, 82, 100, 102, 104, 105 (2), 109, 110 r., 113, 116/117, 118, 120 o.l., u., 122 (3), 125; hint. Klappe 3, 8, 9
IMAGNO / ÖNB: 29 u., 31, 32/33, 45, 48 (3), 50, 53, 54, 65, 69, 72 u., 87, 96/97, 99 o. (2), 107 u. (2), 109, 114 (3)
IMAGNO / Österreichisches Volkshochschularchiv: 38, 51, 76/77, 85, hint. Klappe 6
IMAGNO / Gerhard Trumler: 8/9, 11, 16, 18 u., 22, 42, 81
IMAGNO / Ullstein: 120 o.r., 121
IMAGNO / Wilfried Vas: 13
IMAGNO / Wienbibliothek im Rathaus: 55 u.r., 56, 58 o.r., 80
IMAGNO / Wien Museum: 74/75, 107 o.
Kaiserhaussammlung Plachutta: vord. Klappe, 110 l.
Österreichisches Staatsarchiv / Haus-, Hof- und Staatsarchiv: hint. Klappe 1, 26/27
Schloss Schönbrunn, Kultur- und Betriebsgesellschaft m. b. H.: 15, 17, 18 o., 21, 29 o., 34, 41, 44, 62/63, 72 o., 73, 78 (3), 86, 88, 92 (A. Koller), 95 (A. Koller), 99 u.

Abkürzungen: o = oben | u = unten | l = links | r = rechts

Seite 8/9: Familienreunion des Österreichischen Kaiserhauses im Herbst 1834. Aquarell von Peter Fendi.
Seite 32/33: Die kaiserliche Familie auf der Schlossterrasse von Schönbrunn, Photographie von Ludwig Angerer, 1859.
Seite 62/63: Galadiner in der Großen Galerie des Schlosses Schönbrunn. Gemälde von Fritz l'Allemand, 1867.
Seite 96/97: Franz Joseph mit seinen Enkelkindern im Park der Kaiservilla in Ischl. Lithographie, um 1910.
Seite 116/117: Kaiser Franz Joseph auf dem Totenbett. Zeichnung, 22. November 1916.

Impressum

Bibliografische Information der Deutschen Nationalbibliothek:
Die Deutsche Nationalbibliothek verzeichnet diese Publikation in der Deutschen Nationalbibliografie; detaillierte bibliografische Daten sind im Internet über www.dnb.d-nb.de abrufbar.

1. Auflage

Grafisches Konzept, Cover und Satz:
Cora Akdogan . Büro für Gestaltung + Daniel Perraudin
Lektorat: Else Rieger
Bildbearbeitung: Pixelstorm, Wien
Projektleitung: Edith A. Weinlich

Papier: Munken polar, 120g
Schrift: Arnhem Blond, Giorgio, Giorgio Sans
Gedruckt in der EU

Zitate wurden in der Sprache ihrer Zeit belassen.

ISBN 978-3-85033-893-6

Christian Brandstätter Verlag
GmbH & Co KG
A-1080 Wien, Wickenburggasse 26
Telefon (+43-1) 512 15 43-0
Telefax (+43-1) 512 15 43-231
E-Mail: info@brandstaetterverlag.com
www.brandstaetterverlag.com